中等职业教育规划教材·公共管理与服务类系列

XIANDAI SHEJIAO LIYI

现代社交礼仪

夏雷震　刘　敏◎主编

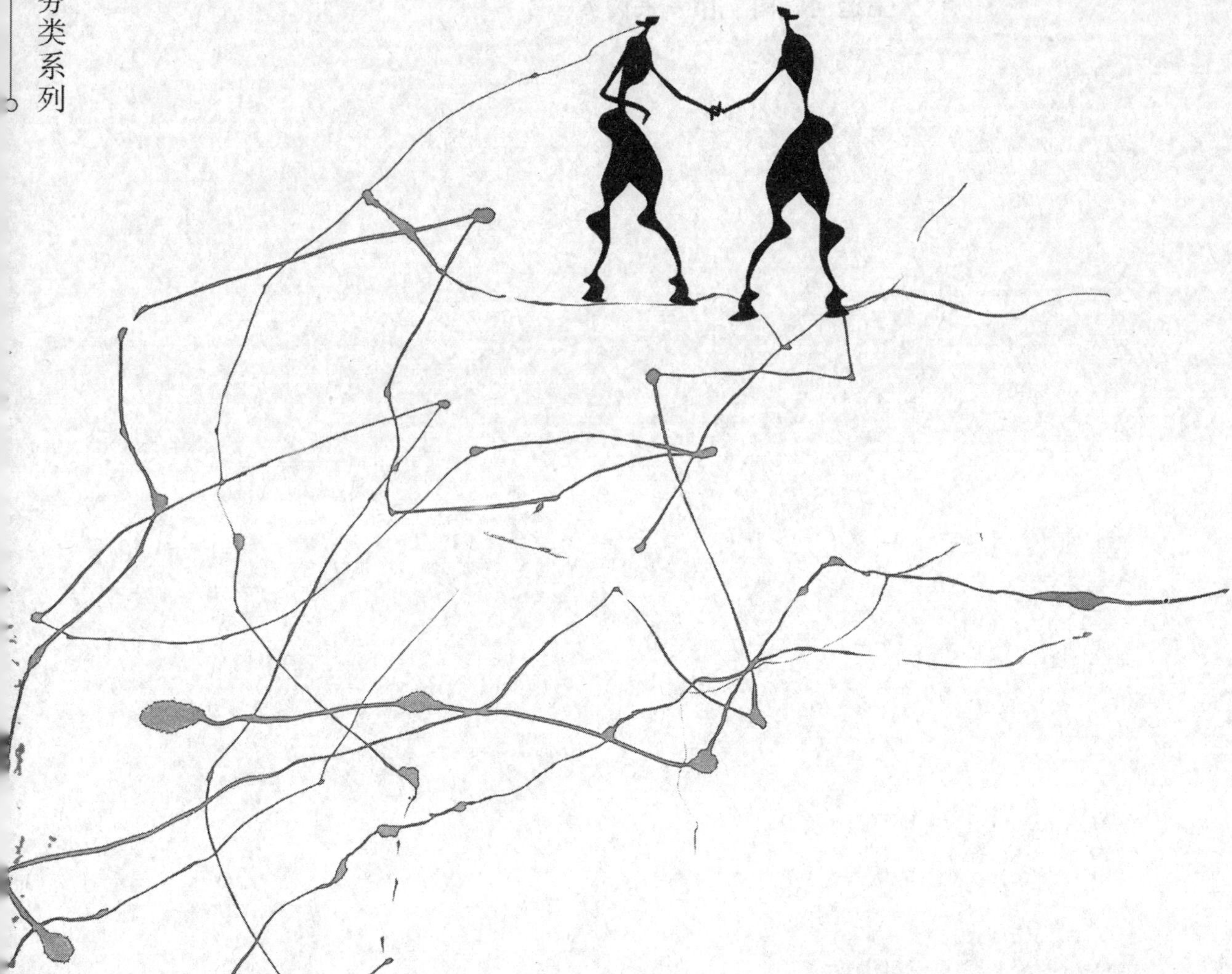

中国人民大学出版社

·北京·

中等职业教育规划教材·公共管理与服务类系列
编审委员会

前 言

我们生活在社会主义大家庭中，人人均是大家庭的成员。我们国家提倡每个公民均应争做“四有”新人，即做一个有道德、有文化、有纪律、有知识的人。要争做“四有”新人，那么学会必要的礼仪知识也是其中的一个方面。我们经常会对擦肩而过的一位先生或女士行注目礼，这是因为他们高雅的气质或潇洒的风度深深吸引了我们。那么如何在与人交往中给人留下好印象呢？起码的一点就是多学一点社交礼仪，它可以免除你在交际场上的胆怯与害羞，它可以为你指点交际场中的迷津，它可以给你平添更多的信心和勇气，使你知礼懂礼，成为一个有教养的、有礼貌的、受人欢迎的现代人。

现代社会中人们对社交越来越重视了，但是对社交中的一些重要的问题和具体事项有些时候还拿捏不准。现代人必须面对各种各样的人际关系，这就需要我们有良好的社交能力及社交意识。为了适应社会发展对礼仪的要求，许多中职学校相继开设了现代社交礼仪课程。但优秀的专业教材并不多见，特别是没有针对教育部“文明风采大赛”中礼仪的要求而编写的教材。为此，我们特别编写了此教材。

本书根据社交活动中礼仪的特点，系统地介绍了社交活动中礼仪的形成与特征、仪容仪态礼仪、见面与交谈礼仪、拜访礼仪、会议礼仪、接待礼仪、电话礼仪、涉外礼仪、部分国家习俗礼仪等。本书内容丰富、覆盖面广，不仅对礼仪知识进行了系统介绍，还力求理论与实践的有机结合，书中配有大量操作规范的图示以帮助读者学习、理解和掌握，同时在每节前还配有案例导入、评析与思考，文中穿插有知识链接、课堂训练，每节后配有行为训练、阅读与思考、学习评价、结束语等。

本书既可以作为中等职业学校有关社交礼仪课程的教材使用，也可以作为各种职业教育、培训班的礼仪教材，还适合广大具有社交活动要求的人员自学和阅读参考。

本书在编写过程中参考和借鉴了一些相关材料，特向这些作者表示感谢。由于编者理论和实践经验的限制，本书难免存在疏漏和不足之处，敬请读者批评指正。

编者

2010 年 10 月

目 录

第一章　礼仪源远流长

第一节　礼仪的形成与发展

案例导入

李鸿章曾应俾斯麦之邀前往赴宴，由于不懂西餐礼仪，把一碗本应作为吃水果后洗手用的水喝了。当时俾斯麦不了解中国的虚实，为了不使李鸿章丢丑，他也将洗手水一饮而尽，见此情景，其他文武百官只能忍笑奉陪。

【评析与思考】

这个事例说明了在不同的场合需要不同的礼仪，礼仪存在于各个场合。俾斯麦为什么也将洗手水一饮而尽？你从俾斯麦的做法中学到了什么？

一、礼仪的起源

我国是具有悠久历史的文明古国，素有“礼仪之邦”的美誉。从历史上看，礼仪曾作为典律以治国，也曾作为人们在社会生活中的行为规范，还曾是等级社会中维系等级次序的准则。现代人类学研究成果表明，礼仪起源于人类最原始的两大信仰：一是天地信仰；二是祖先信仰。

原始社会的“礼”，主要是用来祭祀天神和祖先的。当时人们处于蒙昧时代，生产力水平和人的思维水平处在极低的状态下，而对自然界中各种各样的现象无法解释，只能把“天”和“神”当作人类的主宰，并加以崇拜。而对于生死现象的阐释，则有这样的说法：人死后，肉体为鬼，精神为神；祖先死后，灵魂不死，先人的灵和物的灵结合在一起，物就成了祖先意志的代表，成为部落或氏族的保护神，就产生了立宗庙祭祖的做法。可见，祭祀在古代是最为隆重的礼仪。

随着原始社会的解体，人类进入了奴隶社会，人们由对“天”和“神”的崇拜转为对封建君主的崇拜，“礼”也就被打上了阶级的烙印。这时的“礼”，既是一种政治、法律制度，又是一种仪式和行为规范。例如，周朝出现的《周礼》、《仪礼》、《礼记》，简称“三礼”，就反映了周代的礼仪制度，这就是被后世称道的“礼学三著作”。其中，《礼记》中告诫人们在交往时应“不失足于人，不失色于人，不失口于人”等，至今对我们都有深刻的教育意义。

二、礼仪的发展

礼仪是社会发展和进步的产物，它是人们在共同生活和长期交往中约定俗成的规定。礼仪在世代相传的同时，也随着社会环境、生存环境和生活形态的变化而变化。礼仪从内容到形式不断地被过滤、筛选和沉淀，并融入许多新鲜的内容，以更加符合现代化、高效率、快节奏的时代要求。

我国的礼仪发展，一般可以分为以下四个时期。

（一）礼仪的初始期（约公元前 21 世纪—公元前 771 年）

主要是指我国夏、商、周时期，以“三礼”的出现为标志。我国周朝的“礼”已相当完善，已从单纯祭祀天地祖先的形式，进入了全面制约人类行为的领域，并渗透到社会生活的方方面面。

这一时期礼仪的内容主要体现在《周礼》中的“五礼”部分，即“吉礼”、“凶礼”、“宾礼”、“军礼”和“嘉礼”，这些礼仪的内容对后世人们的行为规范、人际交往以及社会公德的形成都产生了极大的影响。

（二）礼仪的发展期（公元前 771 年—1911 年）

具体是指从儒学产生，到封建礼仪的形成、强化和衰弱时期。以孔子学说为核心的儒家思想，开始对礼仪的起源、本质及功能进行理论阐述和研究，并将礼仪道德化，既而形成了以“仁孝”为理念的“礼教”，长期统治中国封建社会的思想领域，对中国文化产生了深刻的影响。

这一时期礼仪的特点就是把礼仪彻底融入封建道德的轨道。在“修身、齐家、治国、平天下”的背后，融国家法律与道德修养于一身，把人们教化成“非礼勿视，非礼勿听，非礼勿言，非礼勿动”的精神奴隶。其中影响最深远的是“三纲五常”，“三纲”即“君为臣纲、父为子纲、夫为妻纲”；“五常”即指“仁、义、礼、智、信”。从中又引申出君贤臣忠、父慈子孝、兄友弟恭、夫唱妇随、朋诚友信，概括为“忠、孝、节、义”。这些礼仪，对拥护封建统治的宗法制度，巩固其封建秩序，起到了非常重要的作用。

（三）礼仪的改革期（1911 年—1948 年）

辛亥革命的胜利结束了中国两千多年的封建统治。政治制度的根本改变，引发了一场封建礼教的改革热潮。这一时期的礼仪主要受资产阶级平等、博爱的思想和文化习俗、审美观念的影响，体现了民主、自由、平等的原则，同时又借鉴和吸收了适合中国国情的西方礼仪之长，顺应了社会和世界潮流的发展，有力地促进了中国和世界各民族的友好交往。

（四）礼仪的新生期（1949 年至今）

新中国成立后，随着新型社会和人际关系的确立，我国礼仪进入了一个崭新的历史时期。特别是党的十一届三中全会明确指出将工作重心转移到以经济建设为中心的社会主义现代化建设上来之后，礼仪在我国的经济发展、社会繁荣、国际交往与合作以及构建社会主义和谐社会的伟大洪流中都发挥着重要作用。礼仪正向着内容日趋简化、运用日益国际化、内涵逐步科学化和民族化的方向健康发展。

【行为训练】

全班分为三个小组，每个小组任选一题：

1. 我国古代礼仪追溯。

2. 礼仪的误区。

3. 礼仪的发展趋势。

请同学从报刊、书籍、网络等资源上查询相关资料，进行小组研讨，并撰写小论文。每小组选派一名代表在全班交流，然后全班进行讨论。

【学习评价】

人是无法脱离社会而生存的，要生存就要创造生存的条件，以求得物质生活和精神生活的满足。因此，人与人之间必然要发生各种接触，这就需要交际。人类的交际活动是人与人之间相互联系的一种行为方式，礼仪具有规范和约束交际行为方式的功能，可以使交际活动有序开展，能够使交际过程顺畅，并取得交际的最佳效果。

【结束语】

礼仪是人类文明的结晶，是一个国家和民族文明程度的重要标志，是人际交往的行为规范。中国素有"礼仪之邦"的美誉，具有丰富的礼仪思想和礼仪实践。作为华夏子孙，作为一名职业学校的学生，重温民族的礼仪传统，加强自身的礼仪素养，毕业后才能以出众的形象和良好的礼仪风范立于人前。

第二节　礼仪的概念、特征及作用

案例导入

不讲"礼"的故事

古时候，有个北方的年轻人去苏州经商，在苏州郊区迷了路。正当他犹豫徘徊的时候，看见路旁树下坐着一位白发老人在乘凉，于是走过去问路。"喂！老头！到苏州城往哪儿走？还有多少里地呀？"年轻人一边擦着头上的汗水，一边问。"到苏州城往南走，还有四百丈。"老人皱着眉头回答道。年轻人听了很纳闷，问："你们这里怎么不讲里，只讲丈啊？"老人捋着胡须慢慢地说："只因为碰上了你这不讲礼的人，才不讲里，只讲丈啊！"年轻人恍然大悟，自知失礼，连忙向老人道歉。老人微微一笑，指着前面一条小路说："年轻人，从那条小路可以抄近道，只需走上两里路便可到啦！"年轻人拱手作揖，一再道谢，然后踏着轻盈的脚步向苏州城走去。

[评析与思考]

从这个小故事可以很明显地看出，讲礼仪与不讲礼仪会产生两种效果。多走几里路是小事，要是因为不讲礼仪而影响大局，那就追悔莫及了。这个故事说明了讲礼仪与不讲礼仪有什么不同？你遇到同样的情况会怎么做？

一、礼仪的概念

（一）礼

“礼”的最初含义是指在原始社会供神的仪式。随着社会的发展，“礼”成为统治者维护其统治的社会制度。《礼记·仲尼燕居》中说：“礼者，理也”。可见“礼”又通“理”，即人们凭之不仅可以“修身、齐家、治国、平天下”，还能够认识事物之“理”，并循“理”而行，达到事业的成功。纵观中国几千年的风俗，大都是以“礼”为核心，人们从出生到死亡，都要举行各种各样的纪念活动，在活动中都有具体的礼节要求。不管时代过去多久，内容如何变化，要求有什么不同，礼节中都蕴涵着相互尊重、信任、友善的精神。这便是“礼”的本质，故“礼”是指由历史传统形成的以维护社会等级制度为核心内容的价值观和道德观及与之相适应的行为方式，是表示敬意的通称。

甲骨文的老字　甲骨文的孝字　楷书的孝字

（二）礼貌

礼貌是指待人接物时，通过言谈、表情、姿势表达对他人的敬重的具体形式。礼貌通常由两个部分组成，即礼貌的语言和礼貌的情态（又叫态势语言、肢体语言等）。礼貌是人们在交往中表示相互敬重和友好的行为规范，它不仅体现了人的道德观念，而且体现出人的文明程度和精神风貌。

（三）礼节

礼节是指人们在日常生活中表现相互问候、致意、祝颂等的惯用形式或规矩。礼节是礼貌的具体表现，是礼仪的基础；礼貌是礼节的高度概括和全部要求。

（四）礼仪

礼仪中的“礼”即礼节，是一种要求；“仪”即指仪式，是指人们在隆重场合下，为表示尊敬、重视等所举行的合乎社交规范和道德规范的规则、习俗和程序。

二、礼仪的特征

礼仪作为独立的学科及漫长的社会存在，具有以下特征。

（一）广泛的社会性和共同性

礼仪作为调节社会成员的关系的行为规范，是一种社会文明的积累，由长期以来人们交往中的习惯、准则固定而来。虽然不同时代、不同社会的礼仪有着时空的差异性，但由于它们处于相同的礼仪环境，就不可避免地有着某些相同或相似的社会关系基础。它需要社会成员的共同遵守，因而又表现出广泛的共同性。

（二）历史的传承性

礼仪是历史的产物，作为一种文化遗产，同其他文化现象一样，反映了那个时代的历史风貌，并一代代地传承延续下来，这个过程既包含着对那些反映人格平等、尊重个性、健康时尚礼仪的传承，又包括对诸如“贵贱有等，长幼有差，贫富轻重，皆有所称”的封建礼仪的批判，是一种“扬弃”。

（三）时代的发展性

礼仪是社会发展的产物，是在人类进入民族社会后，在长期交往实践中形成、发展和完善起来的。它随着历史的变化而变化，表现出鲜明的时代特征，主要体现为等级性、对等性和价值性。如“跪拜礼”在原始社会是人们相互致意的一种方式，体现了礼仪的互动性和对等性；而到了阶级社会，则演变成一种表示臣服的礼节，而带有明显的等级性。当今社会，随着计算机技术的飞速发展，人类进入了高度开放、交往频繁的信息化时代，特别是市场经济的冲击，使得人类重新思考人的自身价值与社会价值，这种价值的实现有赖于标志着个人修养与企业形象的礼仪。因此，只有在所有的公众面前，严格按照礼仪的基本要求，去规范自己的言行举止，树立良好的自我形象和企业形象，才能提升人的自身价值和社会价值，创造更大的社会效益和经济效益。

（四）普遍的规范性

社交场合中待人接物的礼仪规范，是在人们长期的社会交往实践中形成的一种社会关系和阶级意志的概括和反映。它一方面体现出一定社会或阶级的共同生活对人的行为提出的要求；另一方面又通过劳动加以集中概括、总结，以条约、规范、准则等形式，见之于人们的生活实践，支配或控制着人们的交往行为，这种规范普遍地制约着人们的行为举止、言谈话语，同时也成为评价自己或他人的行为举止的尺度。

（五）内容的多样性

礼仪作为一门学科，无论从礼仪活动的形式上，还是从礼仪规范的内容上，都是以社会生活中人们所感知的礼仪的外在形态（即礼仪现象）为研究对象，并共享于人类社会的各个方面，涉及生活、学习和工作的不同领域。如在家庭生活中有家庭礼仪；在社会公共生活中有社交礼仪；在职业活动中有职业礼仪；等等。这就是礼仪的多样性。

（六）显著的差异性

礼仪的交往往往因时空及对象的不同而产生差异。比如，人们往往因为地位、文化素质、资历等的不同，而导致在礼仪行为上的差异性。在这些差异中，民族差异性最为显著，突出体现在民族的心理、文化和习惯上。因此，孔子在两千多年前就提出了“入乡问俗”的礼仪要求。值得一提的是，由于礼仪行为的不同往往会导致对人们行为举止评价的差异性，而这种差异只是形式上的区别，并无内容上的优劣之分，所以，在国际交往中或是不同民族的交往中，我们既要注意国际通用礼仪规范，也应注意发扬本国家和民族的优良礼仪传统。

（七）较强的互动性

古语曰：来而不往，非礼也。说的就是礼仪的互动性，当一方向另一方做出表示尊敬的行为时，如致意、问候、握手等，需要对方做出一定的回应。了解礼仪的互动性，掌握礼仪的对等性，就会取得“敬人者，人恒敬之”的效果，做到不媚不娇、不卑不亢、豁然大度、风度翩翩。

（八）现实的可操作性

简明易懂、学以致用、便于操作是礼仪的一大特征，正因为这样，礼仪被广泛地运用于交往实践中。因此，要使礼仪真正发挥职能，死记硬背、照搬照抄是无济于事的，必须在实践中丰富礼仪知识，掌握和运用礼仪技巧，使礼仪不断地发展和完善。

三、礼仪的作用

古人云：国有礼则国昌，家尚礼则家大，身尚礼则身正，心尚礼则心泰。可见，礼仪在社会生活中的地位和作用何等重要，同时也说明了礼仪是个人立足社会、成就事业、获得美好人生的基础。学礼、知礼、用礼不仅是每个具有现代意识的人的主观意愿，而且是社会生活的客观需要。

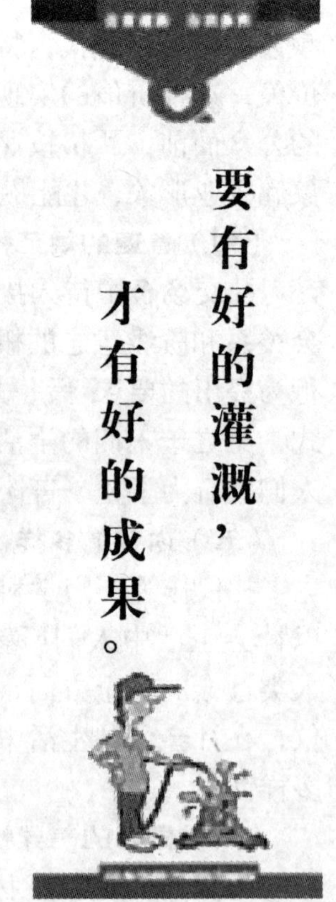

（一）礼仪有助于提高人们的自身修养

在人际交往中，礼仪是衡量一个人文明程度的准绳。它不仅反映一个人的交际技巧与应变能力，而且还反映着一个人的气质风度、阅历见识、道德情操和精神风貌。因此可以说，礼仪即教养。

（二）礼仪有助于人们美化自身、美化生活

个人形象是一个人仪容、表情、举止、服饰、谈吐、教养的集合，学习礼仪、运用礼仪将有益于人们更好地、更规范地设计、维护个人形象，更充分地展示个人的良好教养与优雅的风度。

（三）礼仪有助于促进人们的社会交往，改善人际关系

“世事洞明皆学问，人情练达即文章”，这句话讲的其实是交际的重要性。一个人只要同其他人打交道，就不能不讲礼仪。运用礼仪，除了可以使个人在交际活动中充满自信、胸有成竹、处变不惊外，也有助于人际矛盾的解决。其最大的好处就在于能够帮助人们规范彼此的交际活动，更好地向交往对象表达自己的尊重、敬佩、友好与善意，增进彼此之间的了解与信任，促进人们友好相处，造就和谐、完美的人际关系，进而取得事业的成功。

（四）礼仪有助于净化社会风气，推进社会主义精神文明建设

当前，我国正在大力推进社会主义精神文明建设，其中的一项重要内容，就是要求全体社会成员讲文明、讲卫生、讲秩序、讲道德，要求做到心灵美、语言美、行为美、环境美。这些内容与礼仪完全吻合。因此，提倡礼仪的学习、运用，与推进社会主义精神文明建设是相互配合、相互促进的。

[行为训练]

分小组讨论：

1. 礼仪的基本概念、特征及作用。

2. 在现实生活中，你与别人交往时，讲究礼仪和忽视礼仪会产生什么不同的效果？

[学习评价]

通过本节的学习能够使学生深入了解礼仪的基本概念、必要性和重要性，从而达到学以致用。

[结束语]

礼仪是中国古代文化的重要内容，它沉淀了中华民族上下五千年形成的辉煌历史与灿烂文化，学好礼仪，你将受益终生！

第三节　礼仪修养的方法和途径

案例导入

礼仪修养的差距

王梅和周楠两个大学生同时被分配到某单位实习，她们两人都想通过实习期间的努力，使自己毕业后能留在该单位工作。实习后，王梅被该单位留用，而业务水平并不比王梅逊色的周楠却未能如愿。原因是在半年的实习时间里，她们给实习单位的领导留下了不同的印象。例如在一次谈话中，单位领导就该单位一个项目的技术问题想听听她们意见，周楠伶牙俐齿，口才很好，反应也很快，但说话时满口是“我认为……”、“你应该……”之类的口气，甚至几次打断别人的话，夸夸其谈中不免有虚浮之嫌。而王梅却总是微笑在先，轻声细语，用征询的口吻说话，用“是否可以……”、“我想可能应该……”这样的语气显得谦虚而不失自信。通过这次接触，部门领导当即判断，两人的业务水平不相上下，王梅随和，容易相处，而周楠自以为是，不易相处。在以后的一段时间里，部门领导观察到，王梅礼仪修养较好，言谈举止规范得体，而周楠平时言谈举止比较随意；周楠一开始似乎比王梅表现得更积极主动，常常早来晚走，抢着干一些杂活，但这样的表现仅持续了一个月，后几个月她的工作热情日减，而王梅始终如一。

【评析与思考】

在人际交往时应注意什么？如何做一个受欢迎的人？

一、礼仪修养的方法

（一）密切联系实践

礼仪修养强调实践作用，与实践相联系是礼仪修养的根本方法。所谓与实践相联系，主要是指人们的礼仪品质只有在交往实践中才有可能形成。任何礼仪修养，如果不与实践相联系，必然是无所作为的。

1. 要以实践为基础

人们只有在相互交往的实践中，才能认识到自己的哪些行为是符合礼仪规范要求的，哪些行为是不符合礼仪规范要求的，才能改造自己的礼仪品质。也就是说，一切礼仪修养必须结合人与人之间的交往活动来进行。

2. 要以实践为对照准则

礼仪修养的一个重要方面，就是要身体力行。在礼仪修养中，人们懂得了哪些行为是符合礼仪的，哪些行为是不符合礼仪的，就要把这些原则、规范立即运用到自己的交往实践中去，运用到自己的生活和工作中去，并时刻以这些准则为镜子，对照、检查并改正自己思想、行为中一切与礼仪不相符的东西，从而不断提高自己的礼仪品质。

3. 要以实践为动力

礼仪修养是一个从认识到实践的不断反复过程，通过循环反复不断提高。要使自己成为一个知礼、懂礼、守礼、行礼的人，就必须把对礼仪的认识运用到实践中去，化为实际的礼仪行动。然后，对自己的行动再进行反省，并把从反省中得出的新认识再贯彻到行动中去，如此不断循环，从而达到提高礼仪品质的目的。

（二）不断提高认识

1. 要正确认识礼仪，明辨是非

礼仪是在人们相互交往中形成的，它只具备道德性约束作用，而不具备法律性强制作用。礼仪具有协调、融洽人际关系的作用。虽然每个国家和民族都有自己的风俗礼仪，但它并不是一成不变的，特别是随着社会文明的进步、国际交流的日益频繁，各国各民族的风俗礼仪也有相融的趋势。但礼仪相对应的毕竟是道德，它与法律、真理和正义存在不相融的一面，而且不同的国家和民族对事物的认知也不尽相同。因此在社交活动中，尤其是国际交往中不可一味追求与他人相融而放弃对是非的判别，甚至置人格、国格于不顾，要坚持真理和正义。

2. 要树立平等互利的观念

很多礼仪规范的制定是出于维护人与人之间的融洽。因此，在社交活动中，恰当的礼仪应首先从利他的角度出发。在日常的社交活动中，不要因自己优于别人而藐视他人，忽视应有的礼仪，也不要认为他人比自己优越就屈膝相迎或感到卑微而怯于融入其中。良好的社交礼仪就是要营造和谐融洽的人际关系氛围，最起码的要求就是要在交往中建立平等互利的观念，做到人与人之间在人格尊严上的平等。

3. 要树立求同存异的观念

世界各国风俗礼仪各具特色，要想人们遵循相同的礼仪是不可能的。因此，在社交活动中要树立求同存异的观念才能建立和维护和谐的人际关系。古人说：己所不欲，勿施于人。要推己及人，不可片面强调为他人所不能接受的风俗礼仪。

二、礼仪修养的途径

（一）自觉接受礼仪教育

礼仪教育是系统学习、训练礼仪的良好途径。人的修养不是先天就有的，而是要依靠礼仪教育，依靠不断的培养，依靠社会的健康舆论导向和良好环境的熏陶。礼仪教育是使礼仪修养充实完美的先决条件。礼仪教育和培训能够为人们礼仪行为的形成提供良好的外在条件，为进一步自我修养创造条件。通过礼仪教育，促进人们经过努力，不断磨炼，产生强烈的自我修养的愿望，最后达到处处讲究礼仪的目的。职业学校的学生通过接受礼仪教育可以学会如何规范自身行为、塑造良好的仪表形象。礼仪教育不仅是校园文明建设的需要，也是中等职业学校学生立足社会、成就事业的重要一步。

（二）逐渐丰富科学文化知识

注重礼仪还应当努力丰富科学文化知识。在社交活动中，具有较高文化修养的人往往会成为受欢迎的人；而肤浅、粗俗的人则很难与他人建立起良好的关系。广泛涉猎各种文化知识，不断充实自己，既是加强自身修养的需要，也是人际交往的要求。在人际交往中，人们需要与方方面面的人结识和交流，因而应当具备各方面的科学文化知识和社会知识。具有一定的文学知识，能够提高理解的能力以及语言表达能力，从而有助于进行业务洽谈、经验总结、管理改进；具有一定的哲学、历史、心理学知识，能够提高分析问题、认识问题的能力，协调各方面关系；具有一定的经济学、法律知识，能够掌握经济规律，依法办事，提高办事能力；具有一定的美学、音乐、绘画方面的知识，能够陶冶情操、净化心灵，使人情趣高雅、充满活力、积极热情、潇洒自信；了解各地民俗风情，熟悉当地经济、文化、交通、娱乐等方面的情况，则可以使人在社交活动中广结人缘、应付自如。知识就是财富，有了科学文化知识，才能使自己懂礼貌、讲礼节，才能做到分析、思考问题细密周到，处理、解决问题得体妥当。广泛阅读各种书籍，欣赏各类艺术作品，不断发现生活中的美好事物，日积月累，人的精神面貌、内在素质就会升华，仪表风度也会悄然改变。职业学校的学生要刻苦学习文化、专业知识，掌握过硬技能，不断加强修养。

（三）积极参加实践活动

仅仅从理论上弄清礼仪的含义和内容，而不在实践中运用是远远不够的。如果能够经常在文明气氛较浓的环境中接受熏陶，并注意运用所学知识进行社交活动，对于自己增强文明意识、培养礼仪行为将是很有益处的。职业学校的学生可以结合自己所学专业进行专业实习和社会实践活动，在活动中注意养成文明礼仪的习惯，做好工作。

（四）要持之以恒

礼仪修养不是与生俱来的，它需要后天的努力。它是一个自我认识、自我磨炼、自我提高的过程。它是一个长期的过程，不是一朝一夕就能完成的，不能一蹴而就。周恩来总理在南开中学读书时，以学校制定的《容止格言》为言谈举止的规范，长时间加强自身礼仪修养，从而养成了良好的礼仪习惯，塑造出良好的品质，成为一代楷模。在外交谈判时，外国外交人员无不为其非凡的气质和优雅的风度所折服。职业学校要培养良好的校园文化氛围，有意识地引导学生加强礼仪修养。培养良好的礼仪习惯并不难，只要职业学校的学生按照日常行为规范去做，并注意细节，经过长期不懈的努力，就一定能拥有良好的礼仪习惯。

【课堂训练】

测测自己的修养

在与他人和同学的交往中，你是否真的很有修养呢？请做一做下面简单的自我测试题。

回答方法：

每个问题，只回答“是”或“否”，然后核对一下正确答案，每题5分。

1. 你对商场、超市的售货员或饭店服务员是不是跟对朋友一样有礼貌？
2. 你是不是很容易生气？
3. 如果有人赞美或帮助了你，你是否向他说“谢谢”？
4. 在别人尴尬不堪时，你是否觉得十分有趣？
5. 你是否很容易展露笑容，甚至在陌生人前也如此？
6. 你是否关心别人的幸福？
7. 你是否认为礼貌对男子汉无足轻重？
8. 在你的谈话或信函中，你是否经常显露自己？
9. 跟别人谈话时，你是否始终认真倾听？

答案及结果分析：

1. 是。一个富有修养的人，无论对何种身份的人都会彬彬有礼。
2. 否。动不动就生气的人修养不会很好。

3. 是。友好地接受、友好地帮助和赞美是礼貌待人的表现，是一种做人的艺术。

4. 否。会幸灾乐祸的人修养不会高。

5. 是。微笑始终是所有人通向快乐的入场券。

6. 是。关心和体贴他人是一个人成熟和有魅力的重要条件之一。

7. 否。良好的风度和礼貌，是做人必需的气质和品德。

8. 否。经常大谈自己的人很少会受到别人的欢迎。

9. 是。尊重别人才会使别人尊重你。

计算一下你的总分。如果在 35~45 分，说明你在社交中很有涵养；如果得分是 30 分，说明你比较懂得交往中的礼仪，但做得还不够；如果得分是 25 分以下，说明你缺乏社交礼仪的练习。

【行为训练】

1. 礼仪修养是否排斥个性？
2. 追求个性如何符合审美的原则？
3. 职业学校学生应采取哪些方式加强礼仪修养？

请学生就以上三个问题查找资料，并收集相关案例，写一篇文章，在全班交流、讨论。

【学习评价】

中职生“明礼”很重要。通过学习本节知识，让学生们了解礼仪也是通过后天的努力而形成的。

【结束语】

在现代文明社会，加强礼仪修养不仅是重要的，而且是必须的，否则一个人就不能以良好的形象立足于社会。可见，礼仪修养是礼仪活动的一种重要形式，是一个人品德的基石，是现代礼仪的重要组成部分。希望通过学习本节知识，同学们能够对此真正有所了解！

第二章　现代礼仪的构成要素

第一节　仪容与仪表

案例导入

搭车实验

国外有位心理学专家曾经做过这样一个试验：分别让一位衣着笔挺的海军军官，一位戴金丝边框眼镜、手持文件夹的青年学者，一位打扮入时的漂亮女郎，一位挎着菜篮子、脸色疲惫的中年妇女，一位留着怪异头发、穿着邋遢的男青年，到马路边去搭车。结果是：漂亮女郎、海军军官、青年学者的搭车成功率高，中年妇女次之，搭车最困难的是那个衣着邋遢的男青年。

[评析与思考]

由这个例子可见，一个人的外表、形象在社会交往中往往起着十分重要的作用。一个对自己外在形象都不在乎的人，也不会受到周围人的欢迎。

个人礼仪包括人的仪容、仪表、姿态、风度等。仪容泛指人的外观、容貌，包括头发、面部等，良好的仪容也是实施个人礼仪的第一步；仪表装饰有发饰、面饰、首饰、胸饰、腰饰、服饰等。仪容与仪表不仅会引起交往对象的特别关注，而且可以影响交往对象对其行为主体的评价。

一、仪容

（一）仪容的清洁

清洁是仪容美的关键，是礼仪的基本要求，也是当今社会与人交往、取得成功的必要条件。容貌是天生的，但需要后天的修饰。只要每个人都注意清洁和恰当的修饰，人人都会展现出迷人的风采。

1. 面容的清洁

要求每日早晚洗脸，清除附在面部的污垢、汗渍等不洁之物。正确的洗脸方法有助于保持皮肤的弹性，保持血液循环良好和新陈代谢的正常运行，因此要注意洗脸的方法。

（1）先用温水润湿脸部。

（2）用适当的清洁剂（洗面奶、香皂等），用手由下向上揉搓，手经过鼻翼两侧至眼眶时正反打圈，然后从上额至颧骨再至下颌部位反复多次揉搓。这是借助于光滑的洗面材料对皮肤进行按摩和清洁。

（3）用温水冲净面部的洗面材料。

（4）用凉水再冲洗一遍，起到令毛孔收缩的作用。

为了养护面容，平日应多吃水果蔬菜，多喝水，以保持足够的水分，防止皮肤粗糙、干燥。保证足够的睡眠，使面部看上去红润。夏季要及时擦去脸上的汗，不要让其淌在脸上。擦汗要用手帕，不可以衣袖代替。冬天在外出前要搽好润肤产品，以保护肌肤。

2. 口腔的清洁

保持牙齿清洁，要坚持早晚刷牙。常规的牙齿保洁应做到“三个三”，即三顿饭后都要刷牙；每次刷牙的时间不少于三分钟；每次刷牙的时间应在饭后三分钟内。

口臭影响交际，必要时可以用口香糖来减少口腔异味。但应指出，在正式场合嚼口香糖是不礼貌的，与人交谈时，也应避免。每日早晨空腹饮一杯淡盐水，平时多以淡茶水漱口，可以有效地控制口腔中的异味。同时，在与人交往之前不要吃葱、蒜、韭菜等有刺鼻气味的食物，以免引起他人的反感。

3. 鼻子的清洁

在接待客人前，最好检查一下自己的鼻毛是否过长。如过长应用小剪刀剪短，不要去拔。保持鼻腔的清洁，不要用手去挖鼻孔，尤其是在客人面前，这样既不文雅又不卫生。

4. 头发的清洁

应该养成周期性洗发的习惯，一般每周洗 2~3 次即可。易出油的头发应该两天左右洗一次；干性的头发洗头间隔时间可稍长一些。洗前先将头发梳理通顺，然后用洗发用品轻揉，最后冲洗。

人们在初秋往往会出现头皮屑增多、脱发、断发的现象，主要原因是夏季强阳光的辐射，风吹、汗渍等使头发正常生长受到影响。所以在入秋前对头发要精心保养。可补充一些营养护发素等。如发现发尖分叉，就必须及时修剪。在洗发时，洗发剂和肥皂不宜停留太长时间，因其属碱性，对头发都有损害。梳头时，一定要留意，上衣和肩背上不应有头皮屑和脱落的头发。

5. 手的清洁

在交际活动中，手占有很重要的位置。接待客人时，主人通常以握手的礼节来表示对客人的欢迎，然后再伸出手递送名片等。客人通过观察主人的手，可以判断出主人的修养与卫生习惯，甚至对生活的态度。因此，应随时随地地清洗自己的手，手的清洁与一个人的整体形象密切相连，应当引起足够重视。在任何公共的场合修剪指甲，都是不文明、不雅观的举止。

6. 身体的清洁

要求身体不带异味。这里的异味，是指臭味和香味。常常洗澡是必要的，尤其是参加一些正式活动之前一定要洗干净。如果有狐臭，应及时治疗，避免引起交往对象的反感。有些人喜欢使用香水，走到哪里香到哪里，这是不恰当的，也是不礼貌的。日常生活中最好选用气味淡的香水，适量喷洒。

7. 胡须的清洁

进入青春期后，男士开始长胡须。作为学生，如果胡须长得不很浓密，则不需要剃胡须；如果胡须生长迅速而浓密，则需要每日把胡须剃干净，但不要当众剃须。有些同学认为蓄胡须才像个男子汉，其实这是错误观念，并非每一位男士蓄胡须都会显得风流洒脱。学生应当保持自然、清新、干净、整洁的形象。

（二）仪容的修饰

清新自然的仪容有利于人际沟通和开展各项工作。恰当的妆容和清新自然的发型会给人留下良好的第一印象，也有利于深入交流。学生在校期间不要做过多的修饰，遇特殊的庆典或参加礼仪活动以及面试时可化淡妆。

1. 化妆

生活妆宜淡不宜浓，只需对面部稍加修饰，涂上一些简单的化妆品，便既能保养皮肤又能增姿添色。淡妆可薄抹一层胭脂，选择唇膏的颜色可以淡而自然。匀称适度的淡妆给人一种整洁、大方、淡雅、舒畅的印象。一位美容专家说过：高超的淡妆应当是虽化了妆，却好似没有化妆。浓妆只有在特定的时间和场合才需要，如参加比较隆重的晚会、宴会或特定的外事活动。一定要注意：浓妆必须与其肤色、脸型、服饰、环境等相协调统一。

（1）化妆常用工具。

1）化妆纸或化妆棉：用来擦眉笔痕迹、吸汗、吸油、卸装以及净手。

2）棉花棒及棉球：棉球可用来拍打化妆水，棉花棒可擦拭眼线液等弄脏的妆面。

3）其他常用的化妆工具有：海绵扑、眉笔、拔眉镊子、胭脂刷、粉刷、眉刷、眼影刷、睫毛膏、睫毛夹等。

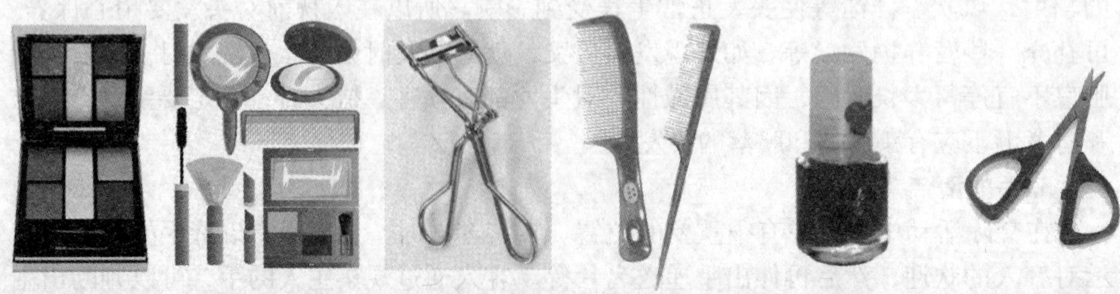

（2）化妆原则。

化妆并不是随心所欲的涂抹，而是一种审美的艺术。其基本原则如下：

1）化妆的目的是突出自己最美的部分，掩饰自己不足或者有缺陷的部分。

2）色彩的选用取决于肤色和服装的色彩。

3）因人因时、因地制宜，切忌强求一律。

4）化妆创造新意时不失自己的基本形象。

5）寻找统一和谐的美。

（3）化妆程序。

化妆是一项巧妙而细致的工作。无论是化参加表演的浓妆，还是化生活妆，都需要有一定的步骤。按步骤化妆才能取得较好的效果，如果化妆的顺序不对，不仅浪费了化妆品，而且化妆后也不美观。化妆的程序和要求如下：

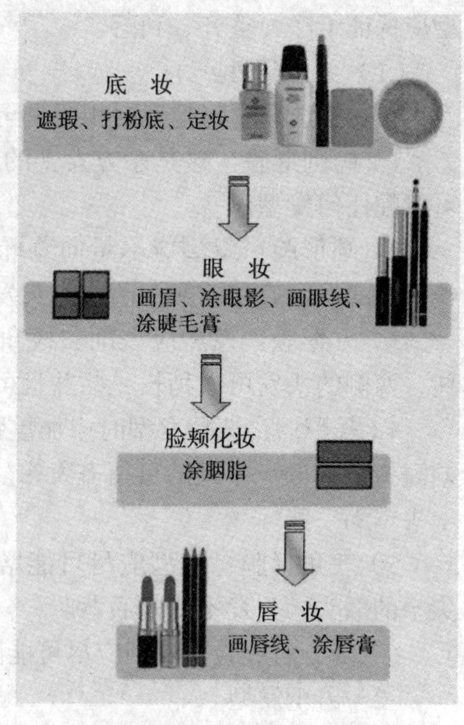

1）洁面：洗净脸后，涂以护肤品，以护肤为主。

2）打粉底：应根据人的脸型和肤色施以粉底，打粉底的关键在于均匀。

3）定妆：上粉底后以香粉定妆，粉不要擦得过厚，皮肤黑的人不宜使用。

4）修眉：眉笔修成扁平状，沿着眉的生长方向画短笔，眉头重而宽，眉梢轻而窄，然后用眉刷使之均匀自然。

5）涂眼影、画眼线：眼影有膏状与粉质之分，颜色有亮色和暗色之别，亮色的使用效果是突出、宽阔；暗色的使用效果是凹陷、窄小。眼影色的亮暗搭配，会强调眼睛的主体感。涂时要注意使贴近睫毛的部位和两个眼角处重些。画眼线时，使用眼线笔紧贴睫毛画，上眼线可重一些，下眼线切忌画得过粗过重。

6）涂腮红：涂腮红能改变脸型。长脸横涂腮红，圆脸则竖涂腮红，显得有生气。腮红的正确涂法是擦在颧骨上，如果涂在颧骨下，会造成一个下垂的线条，使脸部看上去下垂。

7）涂口红：应先用唇线笔勾出理想的唇形，唇线的颜色应略深于所用唇膏的颜色。画唇线时，从嘴角向中间勾画，勾完唇线再涂里面。

8）涂睫毛：用睫毛刷自睫毛根部向外涂，然后用睫毛专用梳同方向梳理。

（4）化妆禁忌。

1）切忌工作时间浓妆艳抹。化妆的浓淡视时间、地点、场合而定。

2）切忌当众化妆。如发现妆面残缺，要即刻补妆，不得拖延。但补妆时，应回避他人，宜在洗手间或无人在场的一角进行，切勿旁若无人地当众操作。

3）切忌借用他人化妆品。化妆品与皮肤直接接触，为保证卫生清洁，切忌向他人借用化妆品。

4）男士切忌油头粉面。要保持良好的个人卫生习惯，但不要化妆、大量喷洒香水，否则会给人留下不良的印象。

2. 发型

头发是构成仪容的重要部分，恰当的发型能使人容光焕发，充满朝气。应选择适合自己的脸型、气质和职业的发型。一切妆饰的美感都在于和谐适度，作为学生，发型应保证干净、整齐、利落。

（1）女士发型。

在发型选择时与脸型要相配是至关重要的，下面就介绍一些相关知识：

1）椭圆形脸：这是东方女士的最佳脸型，俗称鸭蛋脸、瓜子脸。此为标准脸型，可以配任何发型。

2）圆形脸：发型应尽量向着椭圆形脸靠拢。额前的头发应该高起来，不要让过长过齐的发帘遮住前额。两边的头发要服帖，不应该蓬起来。

3）方形脸：发型应该削去棱角，使脸型趋于圆润，可以将方阔的额头用头发遮住，两侧的头发可以稍长一些并且可以烫一下，以曲线的美掩盖方形的缺欠。

4）长形脸：选择发型时应加重脸型的横向。发帘一定不要向上梳，可以适当地用刘海掩盖前额。年轻的可留齐发帘。如果头发卷曲，两侧的发角外翻，可以使脸型看上去丰满一些。

5）三角形脸：发型应尽可能增加额头两侧头发的厚度。采用侧分，使头发掩盖尖窄的额头，头发不要向后背。

6）倒三角形脸：发型应尽可能隐藏过宽的额头，增加脸下部的丰满度。

（2）男士发型。

男士的发型选择要与脸型相配，脸长的不宜留太短的头发。男士的发型还要适应体形，中等个头的人什么发型都合适；而高瘦的应该留分段式；矮胖或瘦小的人应当剪短式。男士发型又应与服装相配，若穿西装，则发型应该吹风定型。

实际上，在现代生活中短发才是青年人的最佳选择，它适合快节奏的生活特点，又能体现青年人朝气蓬勃的精神面貌。

二、仪表

一个人的仪表不但可以体现他的文化修养，也可以反映他的审美情趣。穿着得体，不仅能赢得他人的信赖，给人留下良好的印象，而且还能够提高与人交往的能力。相反，穿着不当，举止不雅，往往会降低了自己的身份，损害自己的形象。

（一）服装款式的选择

服装的改变不在于局部的漂亮好看，而在于整体效果的统一协调，生活中真正身材匀称、体型健美者只占少数，而无论何种身材，聪明的人设计或选择购买服装时都会按自己的体形和个性加以变化，以更好地弥补自己身体上的缺陷，穿出时尚优雅和风韵个性。

1. X 形

X 形是指通过肩、胸、衣裙下摆的夸张，收紧腰围，使整个外形呈下上部分宽松夸大、中间腰围紧身的 X 造型。X 形能充分展示女性优美舒展的曲线轮廓，节奏明快，不失女性的柔美和雅致。因此，X 形服装对大多数女性颇有吸引力。身材匀称者，着宽松加肩垫的上装和落地长裙，再系上腰带，实在婀娜多姿；如果是粗腰者，不妨系一条深色皮带，调整视觉效果；个子矮小者也无须担忧，同样可以分享此类造型的乐趣，做法是提高裙摆长度，收缩裙子的宽度，使造型紧凑些。

2. V 形

V 形是通过加宽肩部造型（一般用加肩垫来衬托），使其外形向上、向两侧伸展，并收缩裙摆宽度，外形呈 V 造型。与 X 形服装相比，V 形服装带有男子的英武之气，多了一份坚定感和自信心，因此较适合职业女性穿着。V 形服装主要是夸大肩部、增添设计细节，使视觉有上升的感觉。如果是矮个子，应适当注意肩部和身子的整体关系，尽量选择设计细节偏上部位的 V 形服装，否则易产生身体下陷感。V 形服装上身宽松，掩饰了胸部，所以胸部丰满的女性选择 V 形款式应慎重。

3. H 形

H 形是指放松腰围，使肩宽和三围（胸围、腰围、臀围）以及下摆宽度达到基本一致，整个外形呈 H 造型。其外形感觉线条挺直，整体感强。此类服装由于放松了腰围，所以穿着舒适自由，无拘无束，适合日常生活穿着。H 形服装掩饰了臀部，对臀肥、腰粗者来说，无疑是理想造型。

4. A 形

A 形一般是收缩肩部（通常不用肩垫），夸大裙摆宽度，形成上小下大的梯形造型，它给人以明快、活泼、线条优美的感觉，较能体现女性青春浪漫的情调，适合年轻人尤其是 20 岁左右的女性穿着。由于 A 形夸大了裙摆，所以也遮住了臀部、腿部，除了上身肥胖者外，一般人均可选择 A 形服装，特别是对下身体形缺乏信心的女性，最好选择 A 形服装。

（二）服装色彩搭配

暖色调（红、橙、黄等）给人以温和、华贵的感觉，冷色调（紫、蓝、绿等）往往使人感到凉爽、恬静、安宁、友好，中和色（白、黑、灰等）给人平和、稳重、可靠的感觉，是最常见的工作服装用色。在选择服装外饰物的色彩时，应考虑到各种色调的协调。

（1）服饰颜色搭配合理、恰当，会给人以整体和谐、舒展的感觉；如果搭配得不恰当，则会使整体美、和谐美受到破坏。一般而言，一次着装不要超过三种颜色，否则会给人杂乱无章的感觉。肥胖的人适合穿着颜色较深的服装，也可以选用颜色反差小、质地好、垂直线条多的面料；瘦人则恰恰相反，适合穿戴颜色浅淡一些的服饰。

（2）服饰的色彩还要与个人的性格、肤色、职业相适合。有些人喜欢的颜色不一定符合他（她）的个性，不一定适合他（她）的职业、身份，也不一定适合他（她）的肤色，因此，服饰的颜色选配要灵活运用。

（3）特殊的场合的服饰颜色，其选择搭配也很重要。如应试、应聘时，颜色要选用淡雅、沉稳的黑色、深蓝色、深灰色等，以表现出庄重、整洁和规范的形象，给人以成熟、干练、稳重、利落的印象。约会、做客、赴宴时要根据时间安排的不同进行不同服饰颜色的选配。套装配色，最有利的是蓝色衬衣配米色套装、蓝色衬衣配蓝色套装、深蓝色衬衣配浅灰色套装。

（三）着装的 TPO 原则

着装应遵循 TPO 原则，T 即 time，时间；P 即 place，地点；O 即 occasion，场合。TPO 原则要求着装时考虑这三个因素：穿着这套衣服将在什么时间（T）、什么地点（P）、什么场合（O）出现。同时还要兼顾其他因素，如和谁见面、谈什么事情、要达到什么目的等。

1. 时间原则

穿衣服要考虑时间因素，是指要考虑不同的时代、时期的变化，一年中春、夏、秋、冬四季节的变化，每天早、午、晚三段时间的变化。因时制宜，穿着得体。

2. 地点原则

着装的地点原则实际上是指着装要与环境协调。如果不分环境、不分地点地胡乱穿戴，必会招人侧目，自己也会感到尴尬。比如穿着睡衣招摇过市，郊游登山着紧身衣裙，严肃的会议穿牛仔裤、T 恤，都是极不适宜的。

3. 场合原则

着装的场合原则是指服饰要与穿着场合的气氛相和谐。一般应在事先有针对性地了解活动的内容和参加人员的情况，或根据经验设计、挑选合乎场合气氛的服饰。比如在参加校庆时要穿得正式、隆重；参加新年联欢会要穿得华丽、漂亮；参加吊唁要穿得庄重、沉稳；参加婚礼要穿得喜庆、鲜艳；等等。

（四）着装禁忌

（1）校服穿着要整齐，系好扣子，同时校服不得与无后跟凉鞋相搭配。

（2）若对服装配色不是很有经验，衣服颜色就不要太杂，从上到下不要超过三种。

（3）学生不能穿太紧身、太怪异、太露、太透的衣服。

【行为训练】

1. 请谈谈清洁在人际交往中的作用。

2. 试给自己搭配不同场合的服装，对照课本，找出正确与错误的地方。

【阅读与思考】

遗憾

1990 年北京举办亚运会，某职业学校承担大会的礼仪服务。杨柳是该校礼仪服务队的骨干力量，身高 1.68 米，皮肤白皙，容貌姣好，仪态训练也一直受到老师的好评。在此次活动中，有一项非常光荣的任务，就是需要两名同学在天安门广场为国家领导人引燃主火炬做服务工作。经过反复筛选，杨柳与另外两名同学成为最后候选人。论身材、相貌和仪态表现，杨柳都是佼佼者，但最后杨柳落选了。原因就是她剪得很短的“运动头”无法与礼仪旗袍相配。另外两名按校规留了扣边发型的同学承担了这项光荣的任务，杨柳就此留下了终生的遗憾。

思考：结合这个故事中杨柳同学的遗憾，想想学生应该如何选择发型。

【学习评价】

心理学的“首因效应”就是指人的知觉的第一印象所形成顽固的心理定势，对后期一切信息产生指导效应。一个人的仪容、仪表给别人的第一印象作用很大，因而绝不能忽视。

【结束语】

良好的职业形象，离不开仪容仪表之美。虽然美丽容貌在很大程度上依赖于遗传，但后天的适当的修饰以及保养，也有举足轻重的作用。同时，只有心情舒畅，并保持积极向上的、健康的精神状态，才会趋于完美。希望同学们学过本节内容后，能够注重自身的仪容仪表，使自己更加阳光、快乐地成长！

第二节 仪态礼仪

案例导入

周恩来总理的仪态

周恩来总理的风度为中外政治家们所景仰。尼克松在他的回忆录中曾这样描写过周总理的交谈姿势：他经常靠在椅背上，用富有表现力的手势来增强谈话效果，当要扩大谈话范围，或是从中得出一般性结论时，他又会把两手放在一起，十指相对；在会议中，他对一些调皮话暗自发笑；在闲聊时，他又变得轻松自如，有时会对善意的玩笑发出朗朗的笑声。可见，周总理那富有表现力的各种手势、笑语，给尼克松留下了十分深刻的印象。

[评析与思考]

周总理如果不是因为有良好的仪态，也不会受中外政治家们的景仰，可见仪态对于外交的重要性。在社会主义社会，提倡讲文明、懂礼貌，每个人的仪态都应当力求美化。

仪态，又称体态，是指人在行为中的身体姿态和风度。姿态是身体所表现的样子，风度则是内在气质的外在表现。用优良的仪态礼仪表情达意，往往比语言更让人感到真实、生动。

名人名言

美的方面，相貌的美，高于色泽的美，而秀雅合适的动作又高于相貌的美。

——[英]培根

一、站姿、坐姿与走势

(一)站姿

站姿是静态的造型动作，是其他动态美的起点和基础。古人主张“站如松”，这说明良好的站立姿势给人一种直立、挺拔、自信的感觉。

站姿的基本要求：两脚跟相靠，脚尖展开45~60度，身体重心主要支撑脚掌、足弓之上；两腿并拢直立，腿部肌肉收紧，大腿内侧夹紧，胯部上提；腹肌、臀大肌收缩并上提，臀、腹部前后相夹，胯部两侧略向中间用力；脊柱、后背挺直，胸部向前上方挺起；两肩放松而下沉，气沉于胸胃之间，自然呼吸；两手臂放松，自然下垂于体侧；脖颈挺直，头向上伸展；下颚微收，双目平视前方，面带微笑。

[知识链接]

如何做到身姿挺拔?

使身体挺拔，要控制肌肉，形成三种肌肉对抗力量：一是胯部向上提，脚趾抓地；二是腹肌、臀大肌保持紧张，前后形成夹力；三是头向上伸展，肩向下沉。如果没有胯部和脚的对抗力，膝部就容易弯曲。只有这三种肌肉力量相互制约，才能保持标准的站姿。

1. 男士站姿

（1）男士基本站姿。

身体立直，挺胸抬头，下颚微收，双目平视，两脚并严，脚跟靠紧，脚掌分开呈 V 字形，提髋立腰，收腹提臀，双手置于身体两侧，自然下垂。

（2）男士后搭手站姿。

基本要求：男士挺胸立腰，下颚微收，双目平视，两脚分开、平行，两手在身后相搭，贴在臀部。

2. 女士站姿

（1）女士基本站姿。

身体立直，挺胸抬头，下颚微收，双目平视，两膝并严，脚跟靠紧，脚掌分开呈 V 字形，提髋立腰，收腹提臀，双手在身体两侧自然下垂。

（2）女士前搭手站姿。

基本要求：女士两脚尖展开，左脚脚跟靠近右脚中部，中心置于两脚上，也可于一只脚上，通过中心的转移可减轻疲劳，双手在腹前交叉，右手搭在左手上，贴在腹部。

3. 站姿禁忌

（1）正式场合站立时，不可歪倚斜靠，东倒西歪，两人同行时切忌勾肩搭背。

（2）站立时切忌脊背弯曲，手插裤兜，无精打采，给人站不直，十分慵懒的感觉。

（3）站立时切忌双手交叉抱在胸前，这种姿势容易给人傲慢无礼的印象。

站立是人体最基本的活动形式之一，也是最重要的姿态，不良的站姿会影响体内血液循环，导致消化不良，胃、肺机能变差等。反映在形体上，会造成驼背、垂胸、下腹肥胖；反映在外貌上，会出现头发变干、眼睛模糊无神、皮肤暗淡无光。

【课堂训练】

1. 背靠背训练：两人一组背靠背站立，两人中间夹一张纸。要求两人脚跟、臀部、双肩、背部、后脑勺都贴紧，纸不能掉下来。每次训练 5~10 分钟。可配以舒缓的音乐，以减轻疲劳。

2. 靠墙训练：受训者的后脑勺、双肩、臀部、小腿及脚跟都紧贴墙壁，站立练习。这种训练方法可使受训者的后脑、肩部、臀部、小腿、脚跟保持在一个水平面上，使之有一个完美的后身。

3. 顶书训练：把书本放在头顶中心，为使书不掉下来，头、躯体自然保持平稳，否则书本将滑落下来。这种训练方法可以纠正低头、仰脸、晃头及左顾右盼的毛病。

4. 对镜训练：面对镜面，检查自己的站姿及整体形象，看是否歪头、斜肩、含胸、驼背、弯腿等，发现问题及时调整。

（二）坐姿

坐姿是介于站与行之间的状态，古人主张“坐如钟”，即坐相要像钟一样端正。

1. 坐姿的基本要求

入座时要轻而稳，入座后面带笑容，双目平视，嘴唇微闭，下颚微收，双肩平正放松，挺胸、立腰，上体自然挺直，两臂自然弯曲放在腿上，双手平放在膝上或椅子的扶手上。双膝自然收拢，男士可略分开双腿，双腿正放或侧放或交叠。坐椅子应至少坐满 2/3，脊背轻靠椅背，起立时，右脚向后半步而后起立；谈话时，为表示礼貌，上体与腿可以转向一侧，呈侧坐状。

【知识链接】

保持坐姿美感的要领

1. 矮沙发的坐法：臀部后面距沙发靠背约 5 厘米，背部靠着沙发，双腿并拢，两膝紧靠，将膝盖偏向和你说话的人，偏的角度以大腿和上半身构成直角为原则。

2. 高椅子的坐法：上身保持正和直，左腿微向右倾，右大腿放在左大腿上，两小腿紧靠，双腿平行，脚尖指向地面。

3. 普通椅子的坐法：双膝并拢，两脚尽量偏向左后方，大腿和上半身构成大于 90 度角。再把右脚从左脚外面伸出，使两脚的外线相靠，身形就成了一个 S 形。

在掌握基本的坐姿的基础上，实际生活中要根据场合、坐椅的高低材质及谈话对象的位置的变化而灵活运用不同的坐姿，表现出优雅自如的风度，体现出良好的个人修养。

2. 女士坐姿

（1）女士开关式坐姿。

基本要求：坐正，女士双膝并紧，两小腿前后分开，两脚前后在一条线上，两手合握置于两腿间。

（2）女士左侧点式坐姿。

基本要求：坐正，女士双膝并紧，上身挺直，两小腿向左斜伸出，左脚脚跟靠近右脚内侧，左脚脚掌内侧着地，右脚脚跟提起，双手叠放置于右腿上，头转向左侧。

（3）女士右侧挂式坐姿。

基本要求：在侧点基础上，将左脚提起挂在右脚踝关节处，两膝并严，上身左转45度，立腰挺胸。

（4）女士侧身重叠式坐姿。

基本要求：腿部左转45度，头和胸向右转，右小腿垂直于地面，左腿重叠于右腿上，左腿向里收，左脚尖向下。

3. 男士坐姿

（1）男士前伸式坐姿。

基本要求：坐正，两膝关节略开，两腿前伸，双脚在踝关节处交叉。

（2）男士后点式坐姿。

基本要求：坐正，上体微向前倾，双小腿向后屈回，用右前脚脚掌着地，膝盖略开。

（3）男士开关式坐姿。

基本要求：坐正，男士双膝略开，两小腿前后分开，两脚前后在一条线上，两手合握置于两腿间。

（4）男士正身重叠式坐姿。

基本要求：右小腿垂直于地面，左腿在其上重叠，左小腿向里收，脚尖向下，双手扶于扶手上或交叉于腿间。

不论男士坐姿还是女士坐姿，关键在于上体的挺直，腰部要立住，而后变化不同姿态，重点在头、颈和四肢的协调配合，和谐的姿态会让人感到端庄、大方、自然舒适。

4. 坐姿禁忌

常见的不良坐姿有三种：

（1）蜷缩式："蜷缩一团"的姿势会使脊柱向前弯曲，背脊受到拉扯，使腰背过度疲劳，脊柱也会失去正常的生理弯曲，其活动功能和耐受力下降，易受损伤。

（2）半坐半躺式："半坐半躺"的姿势，会使腰部没有支撑物，腰处于悬空状态，腰部向后的压力加重，容易引起腰痛。

（3）二郎腿式："二郎腿"会使经常被固定架起的一侧腿的大腿外侧肌肉造成慢性损伤，从而引起腰腿疼痛。

【课堂训练】

1. 入座和离座训练：练习入座和离座。入座要求轻而稳，走到座位前，缓慢转身后，从座位左侧轻稳入座。女士着裙装要轻拢裙摆，而后入座。离座时也要缓慢而文雅，轻松而自然，右脚向后收半步，而后起立。离开时向前走一步，自然转身退出房间。

2. 不同坐姿的训练：每次训练坚持20分钟左右，可配上舒缓的音乐，每五分钟换一种坐姿，建议顺序：

（1）女生：基本坐姿、开关式、左侧点式、右侧挂式、侧身重叠式。

（2）男生：基本坐姿、前伸式、后点式、开关式、正身重叠式。

（三）走姿

走姿，即行走姿态，也称步态。古人主张"翩若惊鸿，宛若游龙"，就是主张步态应当轻盈自如，矫健协调，如行云流水般富有动感。

1. 走姿的基本要求

上身直立，收腹，立腰，挺胸抬头，重心前移，双肩平稳，以肩关节为轴，上臂带动下臂，以30~35度角前后摆动。目光平视，下颚微收，面带微笑，两脚内侧落于一条直线上，前脚脚跟与后脚脚尖距离为一脚，行走速度保持在男士108~110步 / 分钟、女士118~120步 / 分钟。

【知识链接】

如何保持优美的行走姿态？

1. 上半身保持正、直，下颚后收，两眼平视，胸部挺起，腹部后收，两脚平行。
2. 步伐和呼吸配合，有规律、有节奏。
3. 脚要以腰部为轴移动，腰不能摇摆。
4. 一脚跨出后，手臂要跟着摆动，但要摆得自然而轻松，不能晃肩。
5. 膝盖和脚踝要有弹性，否则就会失去节奏，显得浑身僵硬。
6. 穿礼服和长裙、旗袍时，切勿跨大步和大摆臂，不要蹋腰撅臀，注意保持裙摆的摆动与脚步之间的协调。

2. 走姿实例

（1）后退步。向别人告辞时，扭头就走是不礼貌的。正确的做法是先后退两三步，再转体离去。退步时脚轻擦地面，不要高抬小腿，后退的步幅要小。转体时要身体先转，头稍后一些转。

（2）侧行步。当走在前面引导来宾时，要尽量走在宾客的左侧前方。髋部朝着前行的方向，上身稍向右转体，左肩稍前，右肩稍后，侧身向着来宾，保持两三步的距离。可边走边向来宾介绍环境，需要做手势时尽量用右手。当在路面较窄的走廊和楼道中与人相遇时，也要采用侧身步。

3. 走姿禁忌

（1）内外八字走：走路最忌内八字和外八字，长期不正确的步态对肌肉、骨骼都会造成不良的影响。如内八字会造成 O 形腿，外八字会造成 X 形腿，既影响美观，也影响个人气质。

（2）踢着走：踢着走时身体会向前倾，走路时只有脚尖接触到地面，然后膝盖就一弯，脚跟往上一提。踢着走的时候很少出力，很像走小碎步一般，走姿很不雅。

（3）压脚走：与踢着走类似，但是压脚走的时候双脚着地的时间比踢着走的时候长。走的时候身体重量会全部压在脚尖上，然后抬起来。这种走法会形成萝卜腿而影响美观。

（4）踮脚走：这样走路的人其实本意是为了使步伐更美妙，但由于过于在脚尖上用力，会使膝盖因为脚尖用力的关系而太用力于腿肚上，很容易导致萝卜腿。

另外还应注意，走路时切忌脚蹭地面，发出响声，这样易给人造成拖沓的印象。女士切忌扭腰摆臀、左顾右盼、双手插兜；男士不可弯腰驼背、歪肩晃膀、步幅与行走速度不合适，这些都会给人不雅的感觉。

【课堂训练】

1. 双臂摆动训练：身体直立，抬头挺胸，双臂以 30 度角前后自然摆动，注意肩膀放松，摆动幅度适中，切忌横摆。

2. 走直线训练：在地上画一条直线，行走时检查自己的步位是否落在该直线上，避免八字步并及时调整步幅的大小。

3. 顶书训练：将书本置于头顶，保持行走时头正、颈直、目不斜视；避免东张西望，摇头晃脑。

4. 综合训练：配以节奏感明快的音乐，增强行走时动作的协调性。注意掌握行走的速度、节奏，体会“行如风”的韵味。

二、手势礼仪

手势即手的动作，是体态语中重要的传播手段之一，它不仅能表示形象，更能表达情感，如招手致意、挥手告别、摆手回绝、拍手称快、拱手答谢、合手祈祷等。如果说眼睛是心灵的窗户，那么手就是心灵的触角。

（一）常用的手势

1. 横摆式

当来宾靠近时，目视来宾，面带微笑，并向来宾施礼问候，然后右手五指伸直并拢，掌心向斜上方，以肘为轴，从腹前抬起向右摆动至身体右前方，左脚向前一小步，右脚跟进，将右脚跟靠于左脚心内侧，呈右丁字步，左手下垂。该手势常表示“请进”之意。

2. 直臂式

即五指伸直并拢，掌心向上，曲肘时，由腹前抬起，肘关节伸直，与肩同高，向要行走的方向伸出前臂；身体侧向来宾，眼睛要兼顾所指的方向和来宾，施礼时要说“请往前走”、“请您走好”等礼貌用语。切忌指指点点。

3. 曲臂式

该手势表示“里边请”之意。以右手为例，右手五指伸直并拢，从身体侧前方由下向上抬起，与身体成45度角；以肘关节为轴，手臂由体侧向体前左侧成弯曲状，若左手则方向相反。

4. 斜摆式

当来宾入座时，用双手扶椅背，将椅子拉出。然后，一只手曲臂由前抬起，以肘关节为轴，前臂由上向下摆动，向斜下方伸出。注意掌心向斜上方，表示请来宾入座。

5. 双臂横摆式

常用作“诸位请”的手势。即两手从腹前抬起，双手上下重叠，手心向上，同时向身体两侧摆动，摆至身体的侧前方，上身稍前倾，微笑着向大家致谢，然后退到一侧。

（二）使用手势的要求

1. 准确的原则

在社会生活及各项商务活动中，人们经常用手势传递各种信息和感情，为了避免和克服手势的混乱，使对方能够明晰、准确、完整地理解自己的用意，应尽量准确使用手势。

2. 规范的原则

手势的使用应当规范、合乎惯例。比如介绍的手势、指示方向的手势、请的手势、鼓掌的手势等，都有其约定俗成的动作和要求，不能乱加使用，以免产生误解，引起麻烦。

3. 适度的原则

手势的使用还应当适度。如果使用太多或滥用手势，会让人产生反感。尤其是手势与口语、面部表情等不协调时，会给人一种装腔作势的感觉。

（三）手势使用禁忌

（1）在公共场合切忌挠头、挠身、掏耳朵、抠鼻子、剔牙、咬手指、挖眼屎等不良手势。

（2）在为人指路时，切忌指指点点，这样会给人粗鲁、缺乏教养的印象。

【知识链接】

手势在不同的国家有不同的含义

与人交流，恰当准确地运用富有表现力的手势，有助于形成充满魅力的个人形象。然而，不同的地区、不同的民族，其手势的运用与含义是不同的。

握手在多数国家是见面时表现友好的动作语言。但在泰国以及信奉伊斯兰教的国家，男女之间是不许握手的。在印度、印度尼西亚、缅甸、马里以及阿拉伯国家，不能用左手与他人接触或用左手传递东西，他们认为左手是肮脏和低下的。在佛教国家，不能随便用手摸小孩的头顶。日本以鞠躬代替握手，鞠躬时头越低，越是表示有礼貌。美国人对未婚的异性朋友，轻轻拍肩表示友谊；英国人却不喜欢别人拍肩；巴基斯坦人忌讳拍打后背，因为只有警察逮捕犯人时才拍后背。

手心朝下向人招呼，在中国是表示“请人过来”，在英国则表示“再见”，而在日本，这是唤狗的动作。在英国，招呼人过来是手心朝上招手。

在多数国家，摇头表示否定，点头表示同意；可是在印度的某些地区和尼泊尔、保加利亚等国家，则是摇头表示赞美，点头表示不同意。

东方人和西方人都有用手指表示数字的习惯。但是西方人伸手大拇指表示“一”，再伸手食指表示“二”；而我们则用这种手势表示“八”。

阿拉伯人对他人不满或深恶痛绝时，常坐在那里，把鞋底对着对方，以发泄愤怒和表示蔑视。所以在他们面前，切勿有跷二郎腿的动作，否则绝不会有愉快的结果。

【课堂训练】

1. 对镜练习：注意体会眉、肘、手的正确运动路径与形态。

2. 情景训练：请学生根据不同情境设计接待过程中所需的各种手势，评比展示，要有学生互评和教师点评。

三、面部表情

面部表情是由眼睛、眉毛、嘴巴、鼻子及面部肌肉综合运动而产生的内心情感的外在表现，任何一种微妙的表情变化都代表一种心理活动或传递着一种心理信息。

自然坦诚、和蔼可亲的表情，映衬出一个人健康的优雅的风度。构成表情的主要因素是微笑和眼神。

（一）微笑

微笑是一种生理现象，是人们内心喜悦、自信、肯定、赞赏等心理状态的外在表现，它可以消除人与人之间的陌生感，减少交往中的误会和隔阂，增强人们的安全感、亲切感和愉悦感，甚至可以治愈心理疾病，营造和谐融洽的人际交往氛围。

练习微笑的步骤如下：

首先是小微笑，即把嘴角两端一起向上提，给上嘴唇提拉的紧张感，稍微露出2颗上门牙，保持10秒之后，恢复原来的状态并放松。

然后是普通微笑，即慢慢使肌肉紧张起来，把嘴角两端一起向上提，给上嘴唇提拉的紧张感，露出6颗左右的上门牙，保持10秒后，恢复原来的状态并放松。

最后是大微笑，即一边拉紧肌肉，使之紧张起来，一边把嘴角两端一起向上提，露出10个左右的上门牙，并稍微露出下门牙，保持10秒后，恢复原来的状态并放松。

一旦找到满意的微笑，就要进行至少维持这个表情30秒的训练。重复这一训练以巩固满意的微笑表情。

[课堂训练]

1. 对镜训练：旨在训练眉、眼及面部肌肉、口形的和谐统一。

2. 情景训练：创设一个语言情境，使训练者在说话过程中，克服羞怯心理，使用自然、规范的微笑与听众交流；领悟微笑适宜、适度的原则。

3. 诱导训练：调动感情，发挥想象力，或回忆美好过去，或展望美好未来，使微笑发自内心，有感而发，努力感悟微笑的真诚原则。

（二）眼神

眼睛是心灵的窗户，眼神所表达的是交往时一种深情的、含蓄的态势语，通常能够起到建立确定关系、控制交流渠道、展示各种情绪和减少注意力的分散的作用。眼神运用巧妙，可以收到“此时无声胜有声”的效果。

1. 眼神的注视区域

根据交往的场合、对象及性质的不同，一般可以分三种情况：

（1）公务凝视：凝视的区域为双眼为底线、上至额头之间的长方形区域内。这种凝视易于掌握交往的主动权，常给人以严肃庄重、办事公道的感觉，适用于公务谈判、洽谈业务、磋商问题等场合。

（2）社交凝视：凝视的区域为双眼为上限至唇部中央的三角形区域内。给人温和、亲切的感觉，易于营造一种平等和谐的气氛，适用于各种社交场合。

（3）亲密凝视：凝视的区域为双眼为上限，延长至胸部的三角形区域内，这种视线柔和炽热，能将感情很快传递给对方，适用于亲人和恋人之间。

2. 眼神的基本要求

无论使用公务凝视、社交凝视或是亲密凝视，都要注意不可将视线长时间固定在所要注视的位置上。因为，人本能地认为，过分地凝视是一种威胁，是在窥视自己内心深处的隐私。所以，双方交谈时，应适当地将视线从固定的位置上移开片刻。这样能使对方心理放松，感到平等，易于交往。

当与人说话时，目光要集中在对方的下巴；听人说话时，要看着对方眼睛，这是一种既讲礼貌又不易疲劳的方法。如果要表示反对对方的观点，可以有意识地将目光稍稍转向他处。尽量不要将两眼视线直射对方眼睛，因为这样对方会以为你在挑衅。但在谈判和辩论时，千万不要轻易移开目光，否则会令对方以为你已屈服。当对方说错话正在拘谨害羞时，不要马上转移自己的视线，而要用亲切、柔和、理解的目光继续看着对方，否则对方会误认为你在讽刺和嘲笑他。谈兴正浓时，切勿东张西望或看表，这是一种失礼的表现。

[知识链接]

使用眼神的几种技巧

被介绍与他人认识时，要注视对方的脸部，切勿将对方上下打量，那是种不尊重别人的表现。也不要将目光向上看，以免给人目中无人、高傲自大的印象。

不要盯住对方身体有缺点或者有缺陷的部位瞧，更不能老是盯着异性身体的某一部位瞧。否则，人们会认为你品格不端、心术不正。

走进办公室，切勿将目光落在桌面上的文件上。走进陌生人的居室，也不要东张西望。

和老年人说话，最好走到他们身旁，用尊敬的目光直视对方，这样能给他们亲切之感。

上台讲话，要先用目光环视四周，这样有安定情绪的作用，也表示对到会人的尊重。

在社交场合，最忌讳与人眉来眼去和使用满不在乎的眼神，因为这是没有修养的表现。

如果与陌生人相处，一般说来，可使用旁视，因为旁视会给人留下一个较好的印象，俯视则是据对方于千里之外的一种非礼行为；而直视也会被认为是一种不礼貌、富有挑战意味的举止。

3. 眼神禁忌

在交际中使用的眼神应该注意以下两点：

（1）在与对方友好交谈的场合，一旦被对方注视时，不要将视线马上移开，因为这样容易给对方造成自卑胆怯、自惭形秽的印象。而在异性之间，这样又会被误认为是一种爱的表示。有人说，恋爱是从避开视线开始的，正是这个道理。

（2）在听对方讲话时，应将视线集中在对方身上，这是一种礼貌行为。反之，边听边顾左右，则表明自己对对方所谈话题不感兴趣，急于离开。

总之，我们在与不同人交往、使用各种眼神时，应把握分寸、恰到好处，善于调节、因人而异，以显示自己较高的文化修养和人际交往水平，从而为双方友好关系的建立创造一个无声的良好基础。

[行为训练]

两个人为一组，相互观察对方的仪态，包括站、坐、走方面，并指出正确与错误的地方。

[阅读与思考]

微笑是创造一流服务的法宝

美国饭店大王希尔顿从他几十年的成功经验中悟出一个道理：微笑是创造一流服务的法宝。希尔顿在为饭店充实了一批现代化设备之后，便召集全体员工开会，问道："现在我们饭店新添了第一流的设备，你们觉得还必须配备哪些第一流的东西会使客人更高兴呢？"在员工们纷纷回答以后，希尔顿摇摇头笑着说："请你们想一想，如果饭店只有一流的服务设备而没有一流的服务人员的微笑，那些客人会认为我们供应了他们全部最喜欢的东西吗？如果缺少服务员美好的笑容，正好比花园里失去了春天的太阳与暖风。假如我是顾客，我宁愿住进地毯虽然残旧，却处处见到微笑的地方。"饭店大王希尔顿意味深长地道出了自己建立世界一流饭店的经营成功之道，同时也说出了微笑在人际交往中的重要地位。

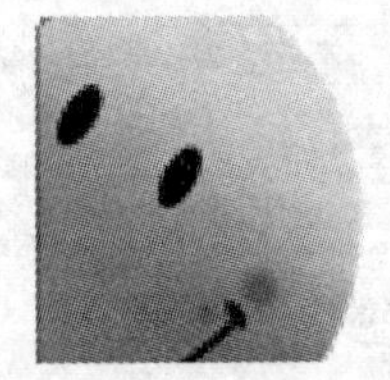

硬件设备固然重要，而作为软件的服务也是不可缺少的。服务品质的重要标志是员工的服务态度，员工应学会用真诚的微笑，表达自己的情感，传达自己的友善，获得顾客的好感，形成良好的沟通氛围。因此希尔顿说："微笑是创造一流服务的法宝"，这绝对是至理名言。

思考：希尔顿饭店为何会获得成功？你认为最关键的原因在哪里？

[学习评价]

同学们了解了仪态在生活中的重要性，就要学以致用，摒弃不良习惯，从我做起，从现在做起。

[结束语]

我们每个人都希望自己拥有美好的仪态姿势。这就要注意在日常生活中有修养、有礼貌，不在他人面前有不礼貌的动作和行为。

第三节 交往的语言礼仪

案例导入

有这样一个传说，古代巴比伦人曾建造过一座"通天塔"，20万人每天从早到晚和泥、砌砖，把塔建得越来越高，眼看塔快要通天了。上帝知道了这件事，为了制止不速之客的到来，上帝派了70名天使下凡，天使受命首先夺去了人们共同使用的语言，然后把他们分成许多小群，让每群人讲一种新语言。由于人们相互听不懂对方的话，妨碍了相互间的交往，不能形成良好的人际关系，无法协同劳动，因而工地乱成一团，工程只好停顿下来。

[评析与思考]

这个故事首先说明了人际交往在社会活动中的重要性，其次说明了语言在人际交往中的重要作用，还说明了人们使用同一种语言对语言交往的重要性。人们进行语言交往的基础是使用同一种语言，使用不同语言的人群就难以顺利地进行交往。

语言交往是指人们运用语言的功能而进行的信息传递和相互影响的过程。语言是人类所特有的一种社会现象，是一种社会交往的工具，随着社会的产生而产生，随着社会的发展而发展。人们利用语言进行交流，从而达到相互了解、相互影响的目的，并形成社会生活。

一、语言运用的一般原则

（一）理智性原则

理智性原则主要是针对社交活动的严肃性、复杂性和智力性等特点提出来的。简单地说，是强调在使用社交语言时要有很强的理性控制，排斥任何充满个人情感、情绪的信口开河、肆意发泄。

理智性原则的要求具体表现在：根据社交活动的总目的，科学而审慎地确定运用语言要达到的具体社交目的，不谈不该谈的、偏离中心主旨的内容；不谈庸俗、无聊及道听途说的内容；不谈涉及国家、组织机密和有损于国家、政府和本组织利益及形象的内容；不谈他人隐私和过失以及令人不愉快而影响相互关系的内容等。

（二）适应性原则

适应性原则要求运用社交语言时，要适应场合、时机、对象等。比如在联欢会、春游等场合，就不宜谈论只有在严肃场合才谈论的问题和内容。要掌握好谈论问题的时机。这些时机主要有：事物发展已到了关键时期，到了非讨论、非解决不可的时候；对方心态情绪较好，而且有了解情况和解决问题的愿望和要求；双方关系发展到一定程度时等。最重要的是要研究和适应社交对象，以便更有针对性地、更有效地与之进行语言交流。

（三）得体性原则

得体性原则就是强调适度把握语言运用的分寸，控制并巧妙处理好主客、褒贬、软硬、直曲、轻重、深浅、大小、多少等辩证关系，最大限度减少社交对象对自己的心理防御和对抗，最大限度增加社交对象对自己的好感和认同。这不仅涉及语言内容的慎重选择问题，更需要审慎而精细地选词、用句，讲究策略方式。

（四）平易性原则

平易性原则一是指在与社交对象进行言语交流时要平等待人，不卑不亢；二是指态度平和，温文尔雅，喜怒不形于色，不急不躁，不锋芒毕露，不咄咄逼人；三是指语气平缓，音量适当，语速适宜，多采用不强调褒贬色彩的中性词语，忌声色俱厉；四是指交谈内容要通俗易懂、简明扼要、清晰明了。

（五）综合性原则

综合性原则就是指注意将口语与动作语、表情语的运用综合考虑，整体把握，使其成为和谐、有机的一体。还应考虑到一些隐含因素（如音响、灯光气氛、地点、室内陈设及色彩、座次安排等）对双方语言交流的影响，并力求运用有利因素增强语言传播沟通的效果。

二、语言运用的技巧

在运用语言过程中有多种多样的技巧，主要可分为语言的语音控制、语气的抑扬顿挫、速度和节奏技巧。

（一）语音控制

指在交谈中应注意控制发音准确，吐字清楚，讲普通话，不要使用方言。这样才能清晰地表达自己的意思，便于与他人交流。谈话时态度要认真，不能不懂装懂，要多向人请教，切忌经常说错别字，不用毫无意义的口头禅。

（二）语气抑扬顿挫

语气的强弱、清浊、长短、深浅、粗细的变化都会产生不同的发声效果。气足则声硬，气沉则声缓，气满则声高，气提则声凝，气短则声促，气少则声平，气粗则声重。不同的语气会产生不同的感情，语气沉重迟滞，产生的感情是悲伤；语气轻快跳荡，产生的感情是喜悦；语气短促快速，产生的感情是急躁；语气平缓低沉，产生的感情是冷漠；语气粗重高厚，产生的感情是愤怒。谈话时应恰当把握自己的语气，充分传递出要表达的感情，该强则强、该弱则弱、该粗则粗、该细则细，以起到良好的传播效果。

（三）声音速度和节奏技巧

1. 速度

语言的速度是说话者发音音节的长短，即单位时间内吐字的数量。快速一般表示紧张、激动、愤怒、欢畅、兴奋的心情，或叙述急剧变化的事情，或刻画人物的机警、活泼热情的性格，或斥责不满的人、事；中速一般用于表达平和的感情或叙述一般的事情；慢速一般表达沉重、哀悼、沮丧、悲痛的情感。

针对不同年龄、性别、职业、文化修养的人，针对不同场景，用叙述、讨论、说明的不同方式，应选择不同的快慢速度。

2. 节奏

（1）换气停顿。这是生理需要，把所说的话分成若干个单位，在每个单位之间适当地间歇一下。这样既可以调节呼吸器官，又可以加强语言的清晰度和表现力。

（2）语法停顿。根据句子的语法结构所作的停顿用句中逗号、句号等标点符号表示。句号、问号、感叹号的停顿要较分号长，章节段落之间停顿更应长一些。

（3）逻辑停顿。为了强调某一感情或某一观点，突出某一事物，而在句中没有标点符号的地方作适当停顿。一般来说，逻辑停顿是要受语法停顿制约的。这是因为，逻辑停顿一般停顿在较长的主语和谓语之间、动词和较长的定语之间、较长的附加成分中心词之间、较长的联合成分之间。

（4）心理停顿。心理停顿也叫感情停顿。感情停顿没有固定的模式，一切由自由意志情感的运动所决定，所以有极强的艺术效果。

换气停顿、语法停顿、逻辑停顿和心理停顿构成了语言停顿。语言停顿是很重要的，如一句话“下雨天留客天留我不留”，一种停顿是“下雨天留客，天留我不留”，表示逐客；另一种停顿“下雨天，留客天，留我不？留！”表示不想走。

三、礼貌用语

（一）问候语

问候语是与人会面时，根据时间、场合和对象的不同所使用的规范化礼貌用语。

初次见面时，应主动说：“您好！欢迎来到我校参观。”“您好！欢迎光临。”“您好！见到您很高兴。”按每天不同的时间问候他人：“您早！”“早上好！”“下午好！”“晚上好！”根据工作的需要，在使用上述问候语的同时，最好紧跟其他一些礼貌用语，如“先生，您好！欢迎光临，请！”“您好！老师，要我帮忙吗？”“妈妈，晚上好！工作一定很累了，请先休息一会儿吧！”这样会使人倍感亲切。涉外接待中，不要使用中国式的问候，如“您吃过饭了吗？”和“您上哪儿去呀？”这类语言在中国习以为常，可在外宾听起来，会产生误会，认为是在干涉他的私事。道别或送行时，说：“晚安！”“再见！”“明天见！”“谢谢光临，欢迎再来！”“祝您一路平安！”遇到节日、生日等喜庆日子，应该说：“祝您节日快乐！”“新年好！”“生日快乐！”等。

（二）感谢语

感谢语是对他人的帮助或赠予等表示感谢的规范化礼貌用语。

对别人的帮助，哪怕是一点小忙，都应真诚地表示感谢，这时应该说：“谢谢！”“太感谢您的协助了！”“麻烦您了，非常感谢！”

当接受别人的赠物或款待时，应该说：“好，谢谢！”拒绝时应该说：“不，谢谢！”，而不应该说：“我不要！”或是“我不吃！”

在感谢时应该说明原因。比如“谢谢你送我的礼物，我很喜欢。”“谢谢你借我的参考书，在这次复习中真是帮了我的大忙。”“谢谢大家为我做的一切，我真不知说什么好，谢谢！谢谢！”表示感谢时，应该以真诚而热情的目光注视着对方。

（三）道歉语

道歉语是在做了不恰当的事情，给他人带来损害或添了麻烦时，向他人表示歉意的规范化礼貌用语。

道歉时常用的语言有:“对不起,实在抱歉。”“真是过意不去。”“真是失礼了。”例如，因自身工作失误或给他人添麻烦时应说：“实在对不起，给您添麻烦了。”“对不起，方才疏忽了，实在抱歉，今后一定注意，不再发生这类事。”如有客人来访不能立即接待时应说：“对不起，请您稍候。”“请稍等一下。”对等候的客人，打招呼时说：“对不起，让您久等了。”有事要问他人时应说：“对不起，我能不能问一个问题？”或“对不起，如果不麻烦的话，我想问一件事。”如果不经意打扰了别人，或打断了别人的谈话，应该说：“对不起，打扰一下。”或“请原谅，打断一下。”

（四）其他礼貌用语

1. 征询语

征询语既热情又有礼貌，在日常生活中要学会灵活运用征询语。如“您好，我能为您做什么？”“请问，我能帮您什么忙？”“这样会不会打扰您？”“如果您不介意，请下午再打电话过来好吗？”

2. 应答语

在别人讲话后作礼貌的应答会让对方深感愉快，如“好，明白了。”“马上就来。”“好，听清楚了，请您放心。”还有一些在特定的语言环境中的应答语，如当他人道歉时应说：“没关系。”“这算不了什么。”当他人表示感谢时应说：“不用谢，这是我们应当做的。”“别客气，我乐于为您服务。”当他人赞扬时应说：“谢谢，过奖了，不敢当。”“承蒙夸奖，谢谢您了。”“谢谢您的夸奖，这是我应该做的。”

3. 赞美语

在生活中要学会赞美他人。如“很好！”“太好了！”“太出色了！”“太完美了！”“你真了不起！”这类话表达时既要热情又要坦诚，切忌言不由衷。口不对心的溢美之词只会给人以阿谀奉承之感。

[行为训练]

1. 设计探望病人、去亲朋好友家中拜访、接待来访者等情景，使用规范的礼貌用语进行情景模拟。

2. 请你谈谈赞美语与阿谀奉承语的区别。

[阅读与思考]

赞美的结果

我去某个服装公司推销电脑。这个公司正处在不断上升的阶段，总经理的工作非常忙，要想见他很不容易。但我很耐心地在外面等着，总经理办公室的秘书在办公桌那边很不耐烦地望着我，一直想赶我走。我看见她穿着灰色的时装，典雅大方，舒适得体，于是我说：“请问，您身上这件衣服是您自己剪裁的吗？”她说：“是，怎么了？”我说：“您有这么好的设计天赋真不应该当秘书。”她有些高兴了，说：“怎么？你觉得这衣服不错？”我说：“我觉得您这件衣服设计得非常好，穿起来典雅自然、舒适大方。”听到我的赞美她非常高兴。正在这时，总经理回来了，她立刻说：“我会给你通报。”于是，我不但见到了服装公司的总经理，并且做成一笔大生意。这就是对公司秘书赞美的结果。

思考：这个故事中的“我”取得成功的关键是什么？在社交语言中，应当怎么把握赞美与阿谀奉承之间的尺度？

【学习评价】

语言是人与人之间沟通的纽带和桥梁。学好语言沟通技巧，对未来的职业发展是至关重要的，每位同学都应知道社交语言的重要性。

【结束语】

语言是进行社会活动最普遍、最基本、最重要的交际工具，它在运用过程中有一定的礼仪规范和技巧要求。希望同学们学习了本节内容之后，能够掌握语言技巧，顺利走入职场。

第三章　日常社交礼仪

第一节　日常社交的基本原则

案例导入

“五里”路有多远

一位年轻人要去青海湖风景区旅游。天气特别炎热，他口干舌燥，筋疲力尽，不知距目的地还有多远，举目四望，不见一人。正失望时，远处走来一位老者，年轻人大喜，就问：“喂，离青海湖还有多远呀？”老者目不斜视地回了两个字：“五里。”年轻人精神倍增，快速向前走去。他走呀走，走了好几个五里，青海湖也不见踪迹，他恼怒地骂起了老者。

[评析与思考]

五里路当然只有五里远，但是“无理”路就不知道有多少个五里路了。这个故事充分地说明了日常交往中“尊重”这个礼仪中心原则的重要性。问路是日常社交中最常见的一种形式，日常社交中要着重注意“平等尊重”这一中心原则。

社交礼仪已经成为人们社会生活中不可缺少的内容。通过社交，人们可以沟通心灵，建立深厚友谊，获得支持与帮助；通过社交，人们可以互通信息，共享资源，对事业成功大有裨益。掌握必需的社交与礼仪知识对于提高人们的礼仪修养和个人魅力将起到积极的促进作用。

名人名言

讲礼貌不会失去什么，却能得到一切。

——[美]玛·沃·蒙塔古

最高级的社交外衣是：精神奕奕，满面笑容。

——[德]萨克森

一、平等尊重原则是社交礼仪的中心

日常社交中要是没有了平等和尊重，社交过程就会中断。在当今社会中，人与人

是平等的，尊重长辈，关心客户，这不但不是自我卑下的行为，反而是一种至高无上的礼仪，说明一个人具有良好的个人素质。平等在交往中表现为不要骄狂，不要我行我素，不要自以为是，不要厚此薄彼，不要傲视一切、目空无人，更不能以貌取人，或以职业、地位、权势压人，而是应该处处时时平等谦虚待人。"礼"的良性循环就是借助这样的机制而得以生生不息。当然，礼待他人也是一种自重，不应以伪善取悦于人，更不可以富贵骄人。尊重他人还要做到入乡随俗，尊重他人的喜好与禁忌。总之，平等待人，对人尊重，这是处理人际关系的一项中心原则，其他原则都以此为基础。

二、真诚守信原则是社交的通行证

"千里难寻是朋友，朋友多了路好走，以诚相见，心诚则灵，让我们从此是朋友！"这是一首家喻户晓的赞美友情的歌曲中的歌词，它表达了人们对友情的渴望和对友谊真谛的探求。

千百年来，我国人民一直视守信为做人的美德。守信不仅是一个人待人接物时所奉行的重要行为准则，而且是个体的人作为一种积极的力量融入社会、取得他人信任的基础。因为人们都愿意同诚实的人交朋友而不愿意同虚伪的人做伙伴，愿意同诚实的朋友推心置腹而不愿意同虚伪的人深入交谈。缺乏诚信的人际交往是对别人的不尊重，最终自己也将得不到尊重和肯定。正因为如此，要学会正确地交往合作，首要的是要做到对人真诚守信。没有真诚守信，社交行不通。

三、适度宽容原则是社交礼仪的基石

人际交往中要注意各种不同情况下的社交距离，也就是要善于把握住沟通时的情感尺度。在人际交往中，沟通和理解是建立良好人际关系的重要条件，但如果人际交往缺乏适度的距离，结果会适得其反。

宽容就是心胸坦荡、豁达大度，能设身处地地为他人着想，谅解他人的过失，不计较个人得失，有很强的容纳意识和自控能力。从事商务活动，也要求宽以待人，在人际纷争问题上保持豁达大度的品格和态度。在商务活动中，各方出于各自的立场和利益，难免出现冲突和误解。遵循宽容原则，凡事想开一点，眼光看远一点，善解人意、体谅别人，才能正确对待和处理好合作与竞争，争取到更长远的利益。

【行为训练】

1. 角色扮演：问路。

2. 有人说"老实人吃亏"，"不说谎话办不成大事"，你是怎么看的？

3. 一位心理学家说过："如果你能够使别人乐意和你合作，不论做任何事情，你都可以无往不胜。”你准备怎样使别人乐意与你合作？

4. 每天对身边的人多微笑三次，把欢乐传递下去。

5. 每天花五分钟想一想自己拥有的，试着去感恩。

6. 每天原谅一个伤害你的人，让痛苦的能量到你这里为止，做“痛苦终结者”。

7. 给父母至少一周打一个电话。

8. 当别人让你感到不愉快时，尽量去理解他，试着去了解他的苦衷。

[阅读与思考]

老字号“南冠”破产谁之过

2001年中秋节前，南京冠生园将陈馅翻炒后再制成月饼出售的事件被媒体披露曝光，一时民众哗然，南京冠生园月饼顿时无人问津，很快被各地商家撤下柜台。许多商家甚至向消费者承诺：已经售出的冠生园月饼无条件退货。

面对危机，南京冠生园先是辩解称这种做法在行业内“非常普遍”，绝不止冠生园一家；在卫生管理法规上，对月饼有保质期的要求，但对馅料并没有时间要求，意即用陈馅作新月饼并不违规。随后又匆忙发出了一份公开信继续辩解，却始终没有向消费者作任何道歉，其所作所为令消费者更加寒心。

不久，江苏省和南京市卫生防疫部门、技术监督部门组成联合调查组进驻该厂调查，该厂的成品库、馅料库全部被查封，南京冠生园食品厂被全面停产整顿。尽管有关部门后来通知商家南京冠生园的月饼经检测“合格”，可以重新上柜，但心存疑虑的消费者对其产品唯恐避之不及，冠生园月饼再也销不动了。公司的其他产品如元宵、糕点等也很快受到“株连”，没人敢要。生产难以为继的南京冠生园从此一蹶不振，2002年2月4日，终于向法院提出破产申请。就这样，一家具有70年历史的知名老字号企业倒闭了，它给我们留下的是深长的回味……

思考：南京冠生园破产的主要原因是什么？

[结束语]

社交礼仪已经成为人们社会生活中不可缺少之内容。在人际交往中，既要尊重别人，更要尊重自己，“礼者敬人”。“仪”就是恰到好处地向别人表示尊重的形式。掌握了正确的礼仪原则，提升自己的礼仪方面的知识和品位，将更好地显示你的教养，并使你与交往对象更好地进行有效的沟通。

第二节　日常见面礼仪

案例导入

他是谁的朋友

几个朋友在一起谈天说地，正说得兴起时，从外面进来一个年轻人，不客气地接着大家的话题开始高谈阔论，于是大家都停下来，聚精会神地听着。等有人把这年轻人叫走之后，大家才相互问这是谁的朋友，结果发现大家都不认识这个年轻人。

【评析与思考】

人和人打交道，介绍是一个桥梁。介绍的目的就是说明情况，通过介绍我们彼此有个大致了解。因为年轻人没有自我介绍，也没有经过其他人的介绍，就介入到大家的谈话中，大家才丈二和尚摸不着头脑，不知道他是谁的朋友，最后发现谁也不认识这个年轻人，真是扫兴。

一、相见之礼——介绍

在社交礼仪中，介绍是一个非常重要的问题，实际上在日常工作和交往中自我介绍、介绍别人、介绍集体、介绍业务是广泛存在的现象。

两种情况下必须做自我介绍。第一种情况是你想了解对方情况之时，先把自己情况说了，然后再问对方。绝大多数情况下，你把自己情况一介绍，对方就会跟你作介绍了。对方一般会明白这个道理：来而不往非礼也。第二种情况就是你想要别人了解你的情况。

自我介绍比较容易成功四个时机是：第一，你想认识的那个人比较专注时；第二，没有外人在场时；第三，周围环境比较幽静时；第四，在较为正式的场合。应注意的是：自我介绍时间不要长，长话短说，废话别说，没话别讲。

谁先介绍有讲究：主人和客人在一块儿，主人先做介绍；长辈和晚辈在一块儿，晚辈先做介绍；男士和女士在一块儿，男士先做介绍；地位低的人和地位高的人在一块儿，地位低的人先做介绍。

介绍顺序很重要：介绍晚辈和长辈，一般要先介绍晚辈；介绍上级和下级，一般要先介绍下级；介绍主人和客人，一般要先介绍主人；介绍职务低和职务高的，一般要先介绍职务低的。

二、相见之礼——握手

握手已经是国内最通行的相见礼节，从某种意义上来讲，它其实也是国际社会社交场合最常见的礼节。跟别人握手时要注意场合。一般来讲我们需要跟别人握手主要是三大场合：第一，见面或者告别；第二，表示祝贺或者慰问；第三，表示尊重。

握手有一个非常重要的礼节问题，就是伸手的先后顺序，谁先伸手更加合乎礼仪呢？在一般性交往之中：男人和女人握手，一般是女人先伸手；晚辈和长辈握手，一般是长辈先伸手；上级和下级握手，一般是上级先伸手；老师和学生握手，一般是老师先伸手；接待客人，应该是主人先伸手表示欢迎，客人告辞的时候，客人先伸手，表示请留步。

握手的时间和手位很重要。手应该是向侧下方伸出，手掌垂直于地面，五指后面四个指并拢，拇指适当地张开，握手要握着对方的手掌，停留三到五秒钟，最长不长于三十秒钟，而且握手时最佳的做法是稍微用力，上下抖三下。

[课堂训练]

1. 角色扮演：迎送客人时的握手礼。
2. 角色扮演：男女见面时的握手礼。
3. 角色扮演：学生和老师见面时的握手礼。

三、相见之礼——名片

现代社会，人们越来越注重名片的使用。联系业务，结交朋友，互留名片似乎成为初次相识时不可缺少的程序。

索要名片有三个比较有效的方法：第一，如果是想向陌生人索取名片，你可以把自己的名片先递给对方，对方明白“来而不往非礼也”的道理就会给你名片了。第二，对于熟人可以明确表示：“某某，好长时间没见了，最近怎么样？我们交换一下名片吧，这样联系更方便。”第三个办法我们一般叫做谦恭法，可以说：“认识你非常高兴，希望以后跟你保持联系，以后怎么和你联系比较方便？”暗示对方给名片。

[知识链接]

收递名片要注意：

1. 出门前整理自己的名片。
2. 不使用破损的名片。
3. 以双手收递名片。
4. 名片字体要向着对方。
5. 主动向对方解释孤僻字。
6. 遇见生字要礼貌请教，不要瞎猜。
7. 不要把玩或折损他人的名片。

8. 接到名片要认真阅读，表示尊重。
9. 可在名片空白处做备注。
10. 不要随意丢弃名片。
11. 向多人递名片时，顺时针方向递送名片。
12. 不能直接把名片放到裤兜里。

【行为训练】

1. 角色扮演：向不同身份的人索要名片。
2. 角色扮演：收递名片的方式。

【阅读与思考】

名片的失误

某公司新建的办公大楼需要添置一系列的办公家具，价值数百万元。公司的总经理已做了决定，向A公司购买这批办公用具。

这天，A公司的销售部负责人打电话来，要上门拜访这位总经理。总经理打算等对方来了就在订单上盖章，定下这笔生意。

不料对方比预定的时间提前了2个小时到来，原来对方听说这家公司的员工宿舍也要在近期内落成，希望员工宿舍需要的家具也能向A公司购买。为了谈这件事，销售部负责人还带来了一大堆的资料，摆满了台面。总经理没料到对方会提前到访，刚好手边又有事，便请秘书让对方等一会。这位销售部负责人等了不到半小时，就开始不耐烦了，一边收拾起资料一边说："我还是改天再来拜访吧。"

这时，总经理发现对方在收拾资料准备离开时，将自己刚才递上的名片不小心掉在了地上，对方却并没发觉，走时还无意中从名片上踩了过去。但这个不小心的失误却令总经理改变了初衷，A公司不仅没有机会再商谈员工宿舍的设备购买，连几乎到手的数百万元办公用具的生意也告吹了。

思考：A公司销售部负责人的行为中有哪些失误？他为什么会丢了这笔生意？

【结束语】

社交礼仪已经成为人们社会生活中不可缺少之内容。你和任何人打交道，不论是老朋友还是新认识的人，只要双方发生交往行为，见面礼节是不能缺少的。我们不能忽视见面礼，你给对方留下的印象好坏往往是从第一次见面开始的，记住"良好的开端是成功的一半"。

第三节　电话礼仪

案例导入

电话的烦恼

老张是个作家，经常熬夜写稿子。这天他写到凌晨 4 点，刚上床睡着，电话响了起来，一接才知道是朋友老李问今天能不能晚上在一起吃顿饭。躺下不到 10 分钟，手机又响了，老张懒得起来，手机就响了一遍又一遍，老张没办法，只好接了。刚接通，就听对方埋怨："怎么才接呀！"老张说："你找哪位？"对方答："你不是老王吗？"原来是打错了，老张不耐烦地回了句"你打错了"，对方就挂断了。老张把座机线拔了，手机关了，才放心地睡下。

【评析与思考】

电话是现代人际交往中一种常用的通讯工具，人们在享用电话所带来的便捷的同时，也会遇到老张的烦恼：甜甜的美梦被铃声打断，接到错拨的电话等。这给我们带来深深的思考：电话什么时候打最得体？使用电话我们应注意哪些礼仪？使用电话有哪些技巧？

一、电话什么时间打最得体

选择效率高的时间。公事电话在办公时间打，也就是周一到周五的早 9 点到下午 4 点打最好，中午吃饭时间、午休时间最好不要打，下班前一般是在收拾东西准备下班，这时间也效率不高。休息时间（包括周六日），除非万不得已，不打公事电话。每天晚上 10 点之后，早上 7 点之前，没有什么重大的事情别打电话，万一有急事打电话，第一句话要说的是"抱歉，事关紧急，打搅你了"。

二、打电话要注意空间的选择

私人电话在家里打或用手机打，办公电话尽量在办公室打。还有一点要注意，一个有教养的人会避免在公众场所打电话。

三、要注意通话的长度

电话打多长好呢？电话礼仪有一个规则，叫做"电话三分钟"原则。就是除了亲朋好友，你跟人通话每次应该控制在三分钟之内。不是打三分钟就非要挂断不可，而是有话则长、无话则短，把事说清楚即可。

四、要注意养成良好的打电话习惯

打电话给某人时应先在纸上写下某人的电话，这样拨的时候不容易拨错，万一拨错要致歉。打电话前，按照所要说的事情的重要程度在纸上先列一个提纲，先说最重要的事情。

五、打电话时谁先挂断

晚辈与长辈通话，长辈先挂断；地位低者与地位高者通话，地位高者先挂断；下级与上级通话，上级先挂断；平级之间打电话，求人的人等被求的人先挂断；出于尊重女性的原则，男性等女性先挂断。

六、接电话的礼仪

（一）铃响不过三声

若长时间无人接电话，或让对方久等，是很不礼貌的，对方在等待时心里会十分急躁，从而给他留下不好的印象。即便电话离自己很远，听到电话铃声后，见到附近没有其他人，我们应该用最快的速度赶过去拿起听筒，这样的态度是每个人都应该具有的，这样的习惯是每个办公室工作人员都应该养成的。如果电话铃响了三声以上才拿起话筒，应该先向对方道歉，若电话响了许久，接起电话只是“喂”了一声，对方会十分不满，会给对方留下恶劣的印象。

（二）一般不要随便让别人代接电话

约好的电话一定要本人接，这也是对通话对象的一种尊重。如果本人不在，可请别人代接。训练有素的人代接电话时会首先告诉对方，他找的人不在，然后才问：“您是谁？您找他有什么事？”并做好电话记录。

（三）做好自我介绍

接电话时可先作介绍，要么报电话号码，要么报单位，要么报姓名，要么合报，如“您好，这里是某某单位，我是某某。”这样做很有效率，使打电话者明白接电话的是什么单位的什么人，更重要的是能避免对方下一次拨错电话。

七、注意接打电话的礼貌

无论是打电话，还是接电话，都要注意礼貌用语的使用。结束电话交谈时，一般应当由打电话的一方提出，然后彼此客气地道别，说一声“再见”，再挂电话，不可只管自己讲完就挂断电话。

[知识链接]

接听电话用语正误比较

错误	正确
你找谁?	请问您找哪位?
有什么事?	请问您有什么事?
你是谁?	请问您贵姓?
不知道!	抱歉,这事我不太了解。
我问过了,他不在!	我再帮您看一下,抱歉,他还没回来,您方便留言吗?
没这个人!	对不起,我再查一下,您还有其他信息可以提示一下我吗?
你等一下,我要接个别的电话。	抱歉,请稍等。

[行为训练]

学生分四个小组,分别进行以下四个训练活动。

活动一:求职咨询电话

活动内容:某公司招聘文员,已打出招聘广告,要求以求职者和公司人事部工作人员两个身份模拟(最好给出广告内容,否则学生难以模拟电话内容)。

活动方式:第1小组选两名同学现场模拟,一名是职高文秘毕业生,一名是公司人事部经理。由职高学生给公司人事部打求职咨询电话。

活动要求:自主评价、学生讨论、总结经验、找出问题、提出建议。

活动二:电话营销

活动内容:通过电话营销电子宠物玩具产品(应该指明产品名称、生产厂家、销售对象单位等,以便于学生模拟电话内容)。

活动方式:第2小组选两名同学现场模拟,一名是生产厂家营销员,一名是买方单位业务部主管。

活动要求:自主评价、学生讨论、总结经验、找出问题、提出建议。

活动三:急救电话

活动内容:一个老奶奶在路边晕倒,一个好心人发现后给120急救中心接线员打电话求救。

活动方式:第3小组选两名同学现场模拟,一名是好心的过路人,一名是120接线员。

活动要求:自主评价、学生讨论、总结经验、找出问题、提出建议。

活动四:亲人电话

活动内容:给父母打电话,汇报近期学习、生活情况。

活动方式：第 4 小组选两名同学现场模拟，一名是即将毕业的职高学生，一名是母亲。

活动要求：自主评价、学生讨论、总结经验、找出问题、提出建议。

活动总结：

1. 评选最佳小组：在学生的自主评价的基础上，民主评选出最佳表演小组。

2. 教师点评：对四个小组的表演以及全体学生的讨论意见进行归纳，肯定学生的优点和成绩，特别要肯定学生参与的积极性。同时也要指出四个活动中存在的问题。

[结束语]

打电话由于具有传递信息迅速、使用方便和效率高的优点，已成为重要的社会交往方式。如果缺乏使用电话的常识与素养，不懂得打电话和接电话的礼仪规范要求，往往会影响工作任务的完成，甚至会使自身的良好形象受到损害。因此，重视电话礼仪十分重要。

第四节 拜访与待客礼仪

案例导入

有朋自远方来

这周日早上 8：30，小张夫妇带着儿子去动物园玩。刚出家门便碰上好几年不见的老同学小李来拜访，小张夫妇只好带着儿子又回到家里。拜访期间，小李谈笑风生，高谈阔论，却发现小张虽也跟自己有说有笑，但他的脸上总有一层阴影，笑得不自然，小张的妻子和孩子也表现得不怎么热情。

[评析与思考]

小李恐怕怎么也不会明白自己为什么没有受到预想的招待。多年未见的老朋友相逢该是多么热情的场面，但因为小李没有注意拜访之礼，受到了老同学的冷遇。去别人家拜访，千万不要不约而至，也就是不要做不受欢迎的不速之客，不打乱别人的行程和安排，即使是交情很深的朋友间也不能忽视这项礼仪。

一、为客之道

（一）有约在先

我们在拜访他人的时候，从礼仪的角度一定要做到如下几点：

（1）约定时间：约定到达的时间和停留的时间。

（2）约定地点：是在单位办公室见面，还是在家里见面。

（3）约定人数：事先说明几个人去拜访，让主人好有准备。

（4）约定主题：拜访是为了什么，也就是拜访的主要内容是什么。

（5）如约而至：一定要按照约定的时间到达，不要提前和迟到，更不能爽约，如有迟到和不能到一定要提前告知主人并致歉。

（二）登门有礼

和主人约定了拜访了，接下来就是履约了，从礼仪角度我们要做好以下几点：

（1）预先告知：登门之前一定要确认一下，提醒一下主人；到达时告知主人已经到了，让主人有个准备。

（2）问候致意：一定要向主人及其家人、在场的其他客人致以问候，这点是不能忽略的，否则会被其他人认为你是不懂礼仪的人。

（3）上门有礼：除了注重“礼仪”，还应该考虑给主人带点礼物，不一定多么贵重，礼轻情义重，表达一点心意。交情很深的朋友要考虑给朋友的父母和小孩带适合的礼物。

（4）告别致谢：告别时要向主人和其他人致意；回到家后向主人报平安，对主人的招待表示感谢等。

（三）注意事项

注意自己的仪表；拜访时间不宜太长；不要随便翻看主人的物品。

二、待客之道

（一）知书达理

待客最重要的规则是“主随客便”，使客人感到“宾至如归”，就好像到了自己家一样，也就是使客人满意。怎么做才能让客人满意呢？

（1）热情待客：热情既是一种态度，又是一种对人尊重的礼仪。使客人满意的核心要点是主人必须始终热情相待，即主人真正地对客人的到来表现出由内而外的开心和愉快。

（2）迎送问候：对重要的、远道而来的客人要迎候（在机场、车站、楼下、电梯口等），见面的问候等礼仪是必需的，也是非常重要的。分别时的礼仪更重要，应提前为客人准备好交通工具。

（3）精心准备：环境的布置（室内卫生、用具等），待客的基本物品（饮料、香烟、糖果、点心等）都要在客人到来之前准备好。尽可能为客人多准备几种饮料（包括茶、矿泉水、咖啡、可乐等），照顾客人的口味。

（二）注意事项

（1）排座位：面门为上，背门为下；中国传统左为上；国际交往中右为上；主人开车，副驾驶为正座；司机开车，司机右后侧为正座。

（2）上茶顺序：先宾后主，先老后幼，先女后男。

【行为训练】

1. 角色模拟：你要到老张家借钱。

2. 角色模拟：小李要到我家里来做客。

【结束语】

不管是初次拜访，还是接待非常熟识的朋友，礼节是不能不讲的。忽略礼仪就会让人感觉没有受到尊重，所以拜访是一门学问，待客更是一门艺术。在社交中我们每一个社会人都会遇到拜访与待客这两个过程，所以我们必须学会做客和待客之道。

第五节　探病礼仪

喧哗让病人险些病发

70 多岁的陈大爷住院了，他儿子的好友张先生带着 6 岁的孩子来探望他。老爷子看到小孩子很高兴，可是小孩子手里拿着奥特曼模型，一会儿跑进来，一会儿又跑出去，嘴里一惊一乍地喊着："我是奥特曼！"陈大爷是个心脏病患者，在孩子几声叫喊下，陈大爷开始冒汗，脸涨得通红，赶紧按响呼叫器。后来，医生诊断是，病房里嘈杂的环境让陈大爷的心脏病险些复发。

【评析与思考】

病人不是一般的人，他的身体或精神方面都不好。探望病人时，我们在兼顾人情之余，也要注意不要干扰病人的情绪，更不能加重病人的病情。张先生带着自己的儿子来探望陈大爷，陈大爷见到小孩子确实很高兴，但大家忽略了一个问题，就是病人需要静养，而小孩子天性活泼、好动，静不下来，以至于事与愿违。

一、到家中探访

到病人家中探访应注意以下问题：

（1）最好在下午或晚上前往探访，上午若病人较晚起床，可能来不及梳洗，前往探访会让病人不自在。

（2）探病时，除了问候话语，还可介绍一些相同病症的乐观例子，以安定病人的情绪。

（3）探病时，神态不要故作哀伤沉重，这会使病人更不安，但也不要惺惺作态装成快乐喜悦的模样，只要像平常一般，由衷关怀即可。

（4）勿停留太久，否则家属有可能需要留你吃饭，这样会增加其负担。

二、医院探访

到医院探访病人应注意以下问题：

（1）应先了解医院规定的探病时间。一般医院都有一定的探病时间，尤其是加护病房，更是严格规定探病时间，先行咨询，才不会徒劳无功。

（2）病人最需要的是休养与平静，嘈杂声会影响其康复。

（3）探病时，尽量勿携幼儿前往，小孩子坐不住，又比较好奇，如果到处跑，不小心撞到药瓶、药剂，是很危险的，况且幼儿抵抗力较弱，在医院很容易感染病菌。

（4）上午 8:00~9:30 是病人复诊及换药时间，中午 11:30~14:00 是用餐及午休时间，晚上 5:00~7:00 是用餐及沐浴时间，以上这三个时段均不适宜探病。

三、探病礼品

探病时应该送什么礼品，没有绝对的标准。病人的病情和饮食限制各有差异，探病送礼也应该“对症”而行，如果一视同仁，反倒可能好心办成坏事。

（一）送花禁忌

给病人送花有很多禁忌，送花时一定要知道病人是不是对花粉过敏。探望病人时不要送盆栽的花，以免病人误会为“久病成根”；香味很浓的花对手术病人不利，易引起咳嗽；颜色太浓艳的花会刺激病人的神经，激发烦躁情绪；山茶花容易落蕾，被认为不吉利；等等。看望病人宜送兰花、水仙、马蹄莲等，或选用病人平时喜欢的品种，有利于病人怡情养性、早日康复。

【知识链接】

了解“花卉语”

- 荷花——纯洁
- 红玫瑰——爱情
- 百合——圣洁、幸福
- 康乃馨——健康长寿
- 勿忘我——永志不忘我
- 菊花——长寿高洁
- 红掌——大展宏图
- 金鱼草——繁荣昌盛
- 粉色风信子——倾慕、浪漫
- 万年青——友谊

- 兰花——优雅
- 剑兰——步步高升
- 松柏——坚强
- 橄榄枝——和平
- 梅花——刚毅不屈
- 竹子——正直
- 丁香花——谦逊

（二）送水果也有“不适宜”

探病礼品中，最受大家青睐的无疑是水果。水果营养丰富、颜色鲜艳，送给病人既体面又实惠，许多时候都是理想的选择。但也有例外，譬如糖尿病人必须控制糖分摄取，摄食某些水果后对血糖有一定影响，因此，不宜给糖尿病人送水果，即便送，也应送糖分不高的水果。

（三）真心关怀是最好的礼物

现代人工作、生活这么忙，还愿意抽出时间探望病人，这份心意是最珍贵的。礼品无所谓贵贱，一张慰问卡加上几句情真意切的祝福，又或者自己亲手写一幅字、画一幅画，远比一束鲜花来得更贴心。只要有真心的关怀，让病人感觉温暖、心情愉悦、复原得快，就是最好的礼物。

[行为训练]

如果你去看望一个刚做过手术的心脏病人，应注意哪些问题?

[阅读与思考]

小张去看望生病在床的老李，带了自己非常喜爱的剑兰去老李家，一是图个时尚，二是因为老李也喜欢花。谁知老李一见到小张送来的花就非常的不悦。小张也纳闷了，难道是自己送的礼物轻了？可是老李不是非常喜欢花的吗?

思考：老李为什么一见到小张送的花就不高兴了?

[结束语]

拜访是一门学问，看望病人更是一门艺术。当亲友、同事、同学患病时，前往探望、慰问是人之常情，也是一种礼节。但是，我们在看望病人时如果不注意礼仪细节，就会影响到我们所探望的病人或同病房其他病人的身心健康。所以，探望病人更要注意相应的文明礼仪。探望病人，礼品馈赠是必要的，但必须恰当，否则就会收到相反的效果。

第四章　现代商务礼仪

第一节　会务礼仪

案例导入

小刘所在的公司应邀参加一个研讨会，该次研讨会邀请了很多商界知名人士以及新闻界人士参加。老总特别安排小刘和他一道去参加，想让小刘见识见识大场面。

会议当天早上，小刘睡过了头，等他赶到，会议已经进行了二十分钟。他急急忙忙推开了会议室的门，发出“吱”的一声脆响，他一下子成了会场上的焦点。小刘刚坐下不到五分钟，肃静的会场上又响起了一阵音乐声，原来是小刘的手机响了，这下子，小刘成了全会场的明星……没过多久，小刘就“另谋高就”了。

[评析与思考]

会议是现代经济社会中一项重要的商务活动。公司重大举措的确定、先进经验的分享、领导层决策的传达等一系列活动，很多时候都要借助会议为手段，因此，必须懂得会议的相关礼仪。

商务会议的组织方面有相当严格的礼仪需要遵守。如果达不到礼仪要求，会议的效果可能会大打折扣。召开会议的礼仪包括以下内容。

一、成立会务筹备组

（1）选一个干练、认真的筹备组负责人。会议筹备组的负责人应是本单位比较有影响力的人物，不但有较强的组织才能，而且有一定的凝聚力；不但自身各方面能力较强，而且能以身作则，关键时候可以带领会务组全体人员突击某项工作。

（2）设秘书小组，主要负责文字宣传。

（3）设立会务小组，负责会前的准备、会议开始的接待、会议中间的服务，直至会后的送行等工作。

（4）会议筹备组的主要负责人和两个小组的负责人要及时沟通信息，在总的日程安排下，作详细的准备工作及日程进度计划，以确保会议准备工作的完善。

二、做好会务准备

会务准备工作由会务小组负责。

（一）拟发会议通知

（1）会议通知必须写明开会的时间、地点及会议主题和会议参加者等内容。会议时间一般不应选择在重大节日和假日。

（2）有的会议通知还应写明闭会时间。

（3）发出会议通知要提前一定的时间，以便会议参加者有所准备。

（4）会议通知可采用张贴的办法，也可派人送达或者邮寄。

（5）邮寄会议通知时在信封上写明“会议通知，收到急转”的字样。

（6）对外地的会议参加者，有关住宿和差旅费等问题都应在会议通知中一一写明。

（二）选择会场

（1）最好将商业与娱乐、联谊相结合。

（2）选择远离城市的地方。原因是较好管理，与会人员不会中途离开。

（3）纯工作性会议，以城市内舒适且拥有优良会议设备的饭店较为合适，交通方便。

（4）可选择会议中心，设备、服务相对专业。

（5）决定地点后，若需住宿，会务小组应提早订好房间，注明住宿人数，并且以书面形式确定，以便安排。

（三）安排会场

会场的布置要和会议的内容相称。

（1）会场的大小，要根据会议内容和参加者多少而定。

（2）大型会议的广场或门口应张贴“欢迎”之类的标语。

（3）在不易寻找的会场附近安设路标。

（4）会标应设在主席台上方，一般红底白字或黑字，书写要端庄大方。主席台两侧或四周可布置一些带有鼓动性、号召性的标语。

（5）根据会议的类型，可把座位排列成圆形、正方形、长方形、对称形、凹字形等。

（6）注意花草、盆景的颜色和安排，应根据会议类型进行摆设，烘托会议气氛。

（7）通常需要准备一些茶、咖啡、点心等。

（8）如不想让与会者吸烟，则可撤去烟灰缸，暗示不能吸烟。

（9）音响、灯光要和开会气氛相协调。开会前检查音响、灯光，以防出现问题。

（四）其他准备

根据会议的需要，决定是否需要组织参观、小型便宴等活动，并做相应的准备。

（五）会务预算

会议的预算一般包括：场地租用费、会场布置费、印刷品费、文书用品费、交通费、电话费、茶点饮料费、礼品费等。

三、注意会前礼仪

（1）守时。

（2）衣着正式。

（3）发言人在发言前先将衣扣扣齐，表示对自己发言的言论负责，也是对听讲者的尊重。

（4）如果是户外会议，应事先决定是否可着休闲服。

（5）等他人指示入座或主席宣布大家就座时，才可坐下。

（6）若在会议开始前主席仍未介绍与会人士，可主动伸手和左邻右舍的人握手，并进行自我介绍。

四、掌握会间礼仪

（1）要发言时，应先举手。

（2）发言时应对事不对人，勿损及他人的人格和信誉。

（3）别人发言时不要打岔。

（4）如有问题可举手，经过会议主持人认可后再提问。

（5）注意举止。不要在大众面前打哈欠、频频看表、身体动来动去、玩弄手上的笔、闭上眼睛假寐等。

五、了解会议就座礼仪

（1）排定座位的会议，最好设专人引导座位。

（2）会议主席坐在离门口最远的桌子末端。

（3）通常客人坐在面对门口的座位上。

（4）业务会议座位的次序不按男女交叉原则安排，不应强调男女分坐对面。

六、会议主持人的职责

主持人应该能有风度地承担起以下职责：

（1）宣布开会、散会休息及主持会议进行。

（2）主持会议应公平、公正、客观地行使其职权。

（3）应明确介绍所有来宾及参与开会的人士。

（4）如有许多贵宾，无须请贵宾一一致辞。

（5）请距离主持人较远者先发言。

（6）维持会场秩序，遵守会议规则。

（7）不可在发言人发言时随便插嘴，但有权控制发言人的发言时间。

（8）请人发言时，态度要诚恳，用语要有礼貌。

（9）有人发言时，应看着发言人，仔细聆听。

（10）遇到突发事件要冷静，切勿惊慌失措。

【行为训练】

课堂活动：

1. 拟订会议通知。
2. 排定会议的座次。
3. 模拟会议的主持人。

课外活动：

1. 在网上收集与会议礼仪相关的资料。
2. 注意观察所参加会议时的主持人的表现，结合礼仪规范对其进行评价。

【阅读与思考】

某公司准备召开年度总结会，交由你组织。请你结合相关的会议礼仪规范拟订一份会议通知，并列出计划书。参考要点：（1）开列与会者资格及名单。（2）拟订议程。（3）选择地点、布置会场。（4）暗示与会者不要吸烟。（5）制定会务预算。

【学习评价】

了解开会前的准备工作，学会按规范组织召开会议，会安排座次，熟悉会前和开会期间的礼仪规范，能做主持人。

【结束语】

商务会议是商务活动中最重要、最频繁的内容之一，正如深圳万科的老总王石曾经说的一句话：我如果不是在开会，就是在去往下一个会议的路上。切记，遵守商务会议的礼仪规范对于商务人员来说十分重要。

第二节　宴会礼仪

案例导入

一件不漂亮的事

林凡从师范大学毕业后，在一所职业学院任教。工作后，人际交往相对于上学期间变得频繁起来，有时是年轻朋友间聚会，有时是随系里的同事参加宴请，每次林凡都是选择靠里的位置坐下，他认为这样坐不碍事，方便上菜，一次，林凡随主任出去应酬，所到人员多是些年龄较大或有一定职位的人。按照习惯，林凡依然选择靠里的位置坐下。席间，有人无意中说到："小林，按照礼仪规范，你坐的位置可是最尊贵的位置啊，喝三杯酒吧。”虽然此人并非出于恶意，但林凡的脸还是红了。

第二天，来到办公室，林凡对一位老教师说：“我昨天做了一件不漂亮的事。”

【评析与思考】

林凡所谓“不漂亮的事”是指不懂得宴请的座次，不小心坐在了主位上，这令林凡很尴尬。在现今日益开放的社会中，懂得一些宴会的礼仪是非常重要和必要的。

宴请长期以来一直是人们用来进行人际交往、团聚欢庆、联络感情、畅叙友情的常见社交活动。从事商务活动，更是常常要通过组织或参加各种宴请，以达到增进友谊、促进合作的目的。因此，商务人员必须高度重视商务宴会礼仪，通过掌握和遵守商务宴会礼仪，来展示我国自古以来崇尚礼仪、热情好客的风貌，同时表达对商务合作伙伴的友好感情，并展示自身良好的素质与修养。

一、宴会

（一）国宴

这是国家元首或政府首脑为国家庆典或欢迎外国元首、政府首脑而举行的规格最高的正式宴会，宴会厅必须悬挂主客两国国旗，入席后乐队奏两国国歌和席间乐。国宴由国家元首或政府首脑主持，席间由主人和主宾先后发表讲话或致祝酒词。国宴的礼仪要求最为严格，参加国宴者必须身着正装，座次按照礼宾次序排列。

（二）正式宴会

正式宴会适用于宴请规格较高、活动内容较为正式严肃的场合，重点在于突出给予对方较高的礼遇，是重要的商务活动中最重要的宴请形式。与国宴相比，除不挂国旗、不奏国歌、出席级别不同外，其余基本相同，按照宾主的身份安排席次和座次。有的安排乐队演奏席间音乐，场面亦十分讲究。按照中国传统习俗，午宴比较正式，而按照西方和现代中国都市的新习惯，晚宴更加正规。

正式宴会的请柬上往往注明服饰要求。对桌次、座次、餐具、酒水、菜肴道数、宴会厅陈设，以及服务人员的装束、仪态、服务水准，正式宴会都有严格要求。

（三）便宴

便宴属于非正式的宴会，形式简便，一般不安排规定的桌次和座次，不作正式讲话，常见的有午宴、晚宴，亦有个别的早宴，菜肴道数相应酌减。此种宴请与上面几种一样，均是坐着进餐，由服务人员顺次上菜，根据需要还可要求进行分餐服务。便宴的气氛随便、亲切，官方和非官方都可以采用这种宴请方式，宜于增进友谊，加强感情联络。

（四）家宴

家宴是主人在自己家中设便宴招待亲朋好友的宴请方式，是便宴的一种形式。家宴往往由主妇亲自掌勺，也可以聘请厨师上门做菜，全家人共同招待，显得亲切、友好，易于创造融洽的人际关系和良好的沟通氛围，使客人产生“宾至如归”的感觉。家宴既可以用于亲朋聚会，也可以用于官方宴请或业务洽谈宴请。此种宴会上午、下午均可举行，但请柬上须注明时间。

（五）自助宴

这是一种相当自由的宴请方式，其优点在于：不必排桌次座次，免除宾客排位之麻烦；来宾人数不受拘束；不用服务人员上菜，而是由客人根据自己需要自行选用，主方可节省服务人力；客人进餐可以有先有后，参差进餐，来去不受约束。此种宴请方式显得随意简便，宾客之间可以有更多的认识交往的机会。

二、宴请筹备礼仪

在商务交往中，宴请客人的礼仪往往备受重视，从宴请的规模和规格、宴请的档次、参加的人员、邀请的函件到宴会的具体安排都有一定之规，具体来说就是要遵守 5M 原则，即 meeting（邀会）、media（环境）、money（费用）、menu（菜单）和 manner（举止）。在商务交往中安排宴会时，这五大基本问题需要兼顾。

（一）邀会

宴请时要特别注意时间与对象。

1. 确定宴请时间

确定宴请时间要考虑多方面因素：根据上司的提议，如企业开张、公司庆典等；根据其他因素而确定，如接风、送行，应依客人的行期而定；庆贺谈判成功，则根据谈判的进程和谈判成功的程度而定；宴请许多客人时，要以保证多数客人能来参加为原则。

确定宴请时间前，最好先征求宾主的意见，选择主宾双方都适宜的时间，以示尊重。主要应注意以下事项：

（1）不要选择对方工作繁忙的时间。

（2）涉外宴请还应避开对方国内重大节假日。

（3）避开禁忌日。如西方国家禁忌“13”，特别是恰逢 13 日的星期五。

（4）伊斯兰教的斋月有白天忌食的习俗。所以，斋月里邀请伊斯兰教人士的宴会只宜安排在日落之后。

（5）给对方宽裕的准备时间，以便其安排好各方面的工作。

（6）特定的节日、纪念日的宴请，只能在节日、纪念日之前或当日举行，不能拖到节日、纪念日后。

2. 确定宴请对象

邀请宴请对象时，一要考虑邀请哪些人出席，二要考虑请多少人出席。范围过大，会造成浪费；范围太小，则会得罪某些人。总的原则是在照顾各个方面关系的前提下，尽量控制范围，减少人数。

3. 发出正式请柬

正式宴会需要向宾客发出正式请柬，事先口头约定的或电话通知的也要补发。这是礼节上的要求。

（二）环境

确定宴请的场所是宴请主办者应考虑的重要问题。宴请地点恰当与否，体现着主人对宴请的重视程度。宴请地点可依据宴请目的、规模、形式和经费来确定。通常应选择环境幽雅、卫生方便、服务优良、管理规范的饭店或宾馆。

1. 落实宴请地点

（1）按客人的多少确定宴请地点：客人多，在大宾馆；客人少，则可在小酒楼。

（2）按宴请类型确定宴请地点：宴会可安排在饭店、宾馆里，冷餐会、酒会则可安排在大厅或花园。

（3）宾主熟悉程度、关系深浅也是选择宴会地点的依据。

（4）注意按来宾的意愿和地方的特色选择宴请地点。

（5）可以选择负有盛名的老字号或名酒家。

（6）尽可能选择举办者所熟悉的、有声誉的饭店或宾馆。

2. 排定桌次和座次

正式宴会一般都要事先安排好桌次和座次，使参加宴会的人都能各就其位。席位的安排也能体现出对客人的尊重。

（1）中餐宴会的桌次和座次排列。

1）排定桌次。桌次地位的高低，以距主桌位置的远近定，以主人的桌为基准，右高左低，近高远低。具体如图 4—1 所示。

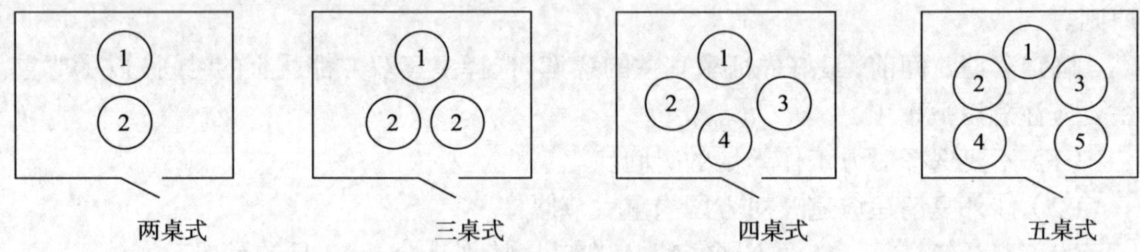

图 4—1　桌次排定示意图

2）排定座位。座位的高低，应考虑以下几点：

一是以主人的座位为中心，如果女主人也参加，则以主人和女主人为基准，近高远低、右高左低，依次排列。

二是把主宾安排在最尊贵的位置，即主人的右手位置；主宾夫人安排在女主人的右手位置。

三是主人方面的陪同人员，尽可能与客人互相交叉坐，便于交谈，更可避免自己人坐在一起，冷落客人。

四是译员安排在主宾右侧。

五是席次确定后，座位卡和桌次卡放在桌前方、桌中间，便于客人就座。

中餐宴会常用的座次安排如图 4—2 所示。

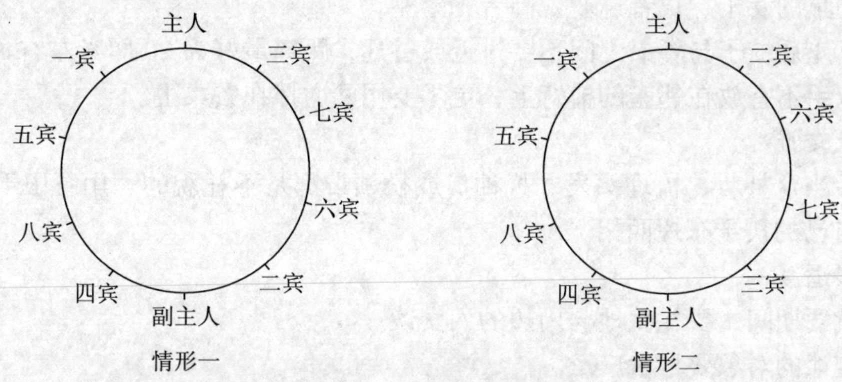

图 4—2　座次安排示意图

（2）西餐宴会的桌次和座次排列。

餐桌的排列次序同中餐餐桌的排列原则是一样的，主桌为首位。

西餐座次的排列是右高左低。与中餐宴会不同的是，西餐宴会一般都是男女宾客穿插入座。

（三）费用

在宴请活动中，不论是活动的规模、参与的人数、用餐的档次，还是宴请的具体数量，都要量力而行。要从实际需要和实际能力出发，进行力所能及的安排，切忌虚荣好强、炫耀攀比、铺张浪费。从根本上讲，“宴请适量原则”所提倡的是力行节约、反腐倡廉的风气，是做人务实、不图虚荣的境界。

（四）菜单

菜单的安排上，关键是要了解客人尤其是主宾的个人禁忌、民族禁忌，而不是问之爱吃什么。具体安排菜单时，既要照顾客人口味，又要体现特色和文化，应注意的事项有：

（1）应考虑开支的标准，做到丰俭得当。

（2）宴席的菜单应冷热搭配、荤素适当、有主有次。

（3）菜单以营养丰富、口味多样为原则。

（4）略备些家常菜，以调剂客人口味。

（5）晚宴比午宴、早宴重要，所以菜的种类也应丰富一些。

（6）考虑季节，菜肴应“时、鲜、特”，如“春吃鱼，秋吃蟹”。

（五）举止

在餐桌上，宾主均应做到举止优雅、文明规范。

1. 礼貌入席

（1）首先入席的应是主人夫妇与主宾夫妇，然后依次为其他宾客及陪客人员。

（2）当长辈、女性入座时，晚辈、男性应走上去将他们的坐椅稍向后撤，待他们要坐下时，轻轻将椅子向前推一点，待其坐稳后再离开。

（3）一般应从自己行进方向左侧入座。

（4）同桌的女士、长者、职位高者先落座。

（5）落座后椅子与餐桌之间不要过近或过远，距离最好为 20 厘米左右。

（6）双手不宜放在邻座的椅背上，更不要用两肘撑在餐桌上。

2. 举止文雅

入席后当众补妆、梳理头发、挽袖口或松领带都是不礼貌的，用餐中千万不要动不动就用自己的筷子东挥西指。

3. 交谈适度

（1）就餐期间，要礼貌地与周边的人交谈。

（2）交谈的对象要尽量广泛。

（3）交谈的内容应该愉快、健康、有趣。

（4）交谈的音量要适中。

（5）若的确有话不便公开讲，则应另找适宜的场合个别交谈。

（6）与人交谈时应放下手中餐具，暂停进食。

4. 正确使用餐具

（1）不能用筷子敲打任何餐具，也不要将筷子插在饭碗中。

（2）席间若失手把餐具碰落在地，应请服务员补上相应的餐具。

（3）不小心打翻酒水溅到邻座的客人身上，应表示歉意并帮助其擦干。如果对方是女士，则应把干净的餐巾递过去，由其自己擦干。

（4）应把餐巾摊放在膝盖上，主人打开餐巾就意味着宴席的开始。

（5）餐巾不应用来擦汗、擦眼镜或擦拭餐具。

（6）只使用餐厅提供的餐巾纸，不要把自己随身携带的纸巾掏出来使用。

【知识链接】

1. 不布菜。即让菜不布菜。在餐桌上可以把自己欣赏的或者有特色的菜肴向人推荐，但是不可为客人布菜。

2. 不劝酒。即祝酒不劝酒。如果碰上志同道合者可以一醉方休，但如果对方不喜欢酒，不要勉为其难，这是有教养者的基本表现。

3. 不出声。即吃东西不发出声音。在一些西方客人看来，吃东西发出声音是粗鲁而没有教养的表现。

4. 不乱吐。进了嘴的东西原则上是不应该当众再吐出来的，万不得已时，要用餐巾或者手掌加以掩饰，不可当众吐得桌上地上到处都是。

5. 不整理衣饰。任何一个有教养的人都不会当众宽衣解带、脱鞋或卷衣袖。

三、宴请的程序礼仪

（一）迎客

主人一般在大门口迎接客人。视宴会的重要程度，还可以有其他主要人员陪同主人排列成行迎接客人。客人到来后，主人应主动上前握手问好并表示欢迎。

（二）入席

主人陪主宾进入宴会厅主桌，接待人员可以引导其他客人入席，全体人员落座，宴会可以开始。

（三）敬酒

入席后，主人应招呼客人用餐，并率先给客人敬酒。敬酒时可以依次逐一敬遍全席，不应该刻意区分宾客的地位身份高低。

（四）交谈

席间，主人要引导客人愉快地交谈，巧妙地选择话题，使席间充满和谐愉快的气氛。

（五）散席

吃完饭后水果，主人与主宾起立，宴会即告结束。主宾告辞，主人送至大门口，主宾离去之后，迎宾人员顺序排列与其他客人握手告别。

四、赴宴礼仪

（一）赴宴的准备

1. 给予答复

目前较为正式的请柬多附寄回帖，让客人选择参加或不参加后依地址寄回，或要求客人以电话回答。接到请柬，一般应尽早答复主人能否出席，以便主人安排席位。对请柬上注有英文字母“R.S.V.P”（敬请回复）字样的，无论出席与否，均应迅速答复；对注有“REGRETS ONLY”（不能出席时要答复）字样的，则不能出席时才答复，但也不应耽误；经口头约妥再发请柬者，请柬上注有的“TO REMIND”（备忘）字样只是起提醒作用，对此不必答复。答复是否出席时，可打电话或复信。隆重的正式宴会，被邀请者若不能出席，一般可派代表出席，除非主人另提出邀请。接受邀请后，千万不要随意改动。万一有特殊情况不能出席，尤其是主宾，应尽早向主人解释、道歉，甚至亲自登门致歉。

2. 梳妆打扮

出席宴会前，最好稍做梳洗打扮，穿上一套合时令的干净衣服。每个人都容光焕发地赴宴，会使整个宴会有一种比较隆重的气氛。最忌穿着工作服带着倦容赴宴，这会使主人感到不受尊重。若请柬上对服饰有规定，要严格遵守。

（二）准时到达

要按主人的邀请时间准时赴宴。有些请柬写明了客人到达和宴会开始的时间，如6：00到达，6：30宴会开始，则应6：00到达；如因故在宴会开始前8分钟或10分钟到达（如 6：20 到达），不算失礼，但迟到则非常失礼，这表示你对主人的不够尊敬。

通常身份高者可略迟到达，一般客人宜略早到达。到达后，应立即了解自己的席次和同桌宾客的姓名、身份。入席时，先照顾自己座位旁的女宾就座后，自己再入座。通常客人的座位要等男女主人安排，当主人请你坐下时，不必推让，过分客气反而失礼。确实有事需要提前退席时，应向主人说明。迟到、早退、逗留时间过短都有失礼之嫌。

（三）备好礼品

参加家庭宴会，可准备些礼品带上。应主人邀请或经允许，进入主人家后，在门厅脱下帽子、大衣和手套。入室时先向女主人致谢，递上礼品，然后向男主人致意。

（四）带上名片

应先向主人问候以后，再向其他客人问好，并应事先准备好名片备用，当被介绍给他人时应双手捧着名片相赠，切不可随便丢在桌子上让别人去拣，接别人的名片时也要用双手接。

（五）进餐

进餐时要文明、从容，闭着嘴细嚼慢咽，不要发出声音，喝汤要轻缓，对热菜热汤不要用嘴去吹。骨头、鱼刺吐在筷子上或叉子上，再放入骨盘。嘴里有食物时不要说话，剔牙时要用手遮住。就餐时不得解开纽扣、松开领带。

（六）交谈

边吃边谈是宴会的重要形式，应当主动与同桌人交谈，特别注意同主人方面的人交谈，不要总是和自己熟悉的人谈话。话题要轻松、高雅、有趣，不要涉及对方敏感、不快的问题，不要对宴会和饭菜加以评论。

（七）应付意外

进餐过程中有时会遇到一些意外事件，如何处理好这些意外才能不失礼仪呢？以下列举了一些常见的事件，供大家参考：

（1）自己的餐具掉在地上，可请服务员再取一副。

（2）用刀、叉切割食物，动作不宜过大，否则会发出刺耳的声音。

（3）失手打翻酱碟，应向注意你的人婉言致歉，不要大声嚷嚷，也不要没完没了地自责。

（4）不慎将酒、水、汤汁溅到他人衣服上，表示歉意后，递上手帕或餐巾。不必恐慌赔罪，这样反而使对方难为情。

（5）席间一般应关掉手机，或者把手机调至震动状态。离席回电时，应向主人及左右的客人致歉，轻轻拉开坐椅离去。

（八）离席

等主人宣布宴会结束后，客人才能离席。客人应向主人道谢、告别，如“谢谢您的款待”、“您真是太好客了”、“菜肴丰盛极了”，并向其他客人道别。如果有事要提前离席，则应向主人及同席的客人致歉。

[行为训练]

课堂活动

1. 分组练习在宴会上互相敬酒致意。
2. 练习中餐和西餐席位和座位的排列。
3. 宴请程序的模拟训练。
4. 练习宴会中意外情况的应付。

课外活动

1. 注意观察不同场合的出席宴会者的席间的表现，结合举止礼仪进行总结。
2. 观察中餐和西餐中餐具的使用方法。

[阅读与思考]

1. 你打算在家中宴请几位客人，一位是你的老师，一位是你的部门经理，两位你的同事，还有三位你的朋友。最年长的是你上司，其次是你的老师，其他人的年龄都比较接近。试排列一下就餐时的席位（圆桌），并说明理由（说明：都是同性）。

2. 朋友邀请你去参加一次正式宴会，你该做哪些准备？

[学习评价]

宴会首先要分清不同的形式，组织宴会要时明确宴会的目的、对象和形式，慎重选择宴请时间和地点，事先拟订菜单，安排好座次和桌次，及时发出邀请并保证宴会顺利进行。宴请中的礼仪最为讲究，注意餐具的使用规范。

[结束语]

宴会行为举止体现了一个人的处世方式和礼仪修养。对于工作和生活当中遇到的宴请要循礼而为，切不可贸然行事，以免有失身份和体面。

第三节 舞会礼仪

案例导入

请你跳支舞

某单位举办舞会，招待外国宾客。有一位不请自来的外国专家来得比较晚。当时所有的女士都已被别人邀请去了舞池。这位外国专家一个人坐在那儿，看起来有些寂寞。某单位一位搞公关的先生见此就过去和外国专家搭讪，了解到他是德国人，叫施马尔。聊了一会儿，公关先生问施马尔："施马尔博士，请你跳支曲子好吗？"施马尔一听扭头就走了。公关先生丈二和尚摸不着头脑，事后咨询礼仪专家，想知道自己哪儿做得不妥。礼仪专家笑着说："你这叫性骚扰！西方人讲究同性不共舞，尤其是男士不共舞，男人共舞是公然宣告两人是同性相爱。"

【评析与思考】

舞会中有很多礼仪规范需要遵守，案例中的公关先生邀请外国专家跳舞，就是不懂得舞会中同性不共舞的规则，以至于闹出了笑话。参加舞会时要懂得相关的常识和礼仪规范，才能避免遭遇尴尬的场面，为良好的交际能力的形成奠定基础。

在各式各样的社交性聚会中，若以号召力最强、最受欢迎而论，恐怕要首推舞会了。舞会，一般是指以参加者自愿相邀共舞为主要内容的一种文娱性社交聚会。在舞会上，人们可以自娱，也可以娱人。在优美的乐曲、美妙的灯光、高雅的舞姿的相互衬托之下，人们不仅可以从容自在地获得自我放松，而且可以联络老友，结识新朋友，进一步扩大自己的社交圈。

从礼仪规范方面来讲，舞会的成败既取决于它的组织工作进行得如何，又受制于参加者的自身素质与临场时的表现。

一、舞会的组织

要使一场舞会获得圆满成功，舞会的组织工作是至为重要的。在组织一般性的社交舞会时，应当注意的主要问题有时间、场地、曲目、来宾、接待等。

（一）时间

举办舞会，首先必须选择适当的时间。举办舞会的时间问题，实际上又涉及下述两点。

1. 时机

举办任何一场舞会，都要"师出有名"，为其找到一个恰当的名义，如庆祝生日、纪念结婚、庆祝晋职升学、欢度佳节、款待贵宾等，换而言之，碰上这些情况时，便是举办舞会的最佳时机。在一般情况下，周末和节假日较适宜举办舞会。

2. 长度

确定此次舞会的具体长度，应当兼顾各种因素。但是其中最重要的有两个因素，一是不要令人过度疲劳，二是不要有碍工作和生活。

在正常情况下，舞会最适于傍晚开始举行，并以不超过午夜为好。其最佳的长度通常是2~4小时。

（二）场地

舞会的场地问题，具体来说又分为举办地点与舞池选择两个方面。

1. 地点

确定舞会举行的具体地点时，既要考虑人数、交通、安全问题，更要注意其档次与气氛是否适宜举办舞会。与此同时，还须量力而行。

依照常规举办小型舞会，可选择自家的客厅、庭院。而举办大型舞会，则宜租借营业性舞厅，或是选择公园、广场。

2. 舞池

舞池，一般是指舞会举办地点之内专供舞蹈的地方。在举办大型、正式的舞会时，对于舞池的选择与布置必须再三考虑。其中有五个细节尤其要高度重视：

（1）舞池的大小应当适度。它最好与舞蹈的总人数大致匹配，人均 1 平方米最佳。

（2）舞蹈的地面务必干净平整。若其过脏、过滑或过于粗糙，都会有碍于舞蹈。

（3）舞池的灯光应当正常。它应当总体柔和，而又有所变化。若其过强或是过弱，都不甚合适。

（4）舞池的音响需要认真调试。其音量要适度，切勿以噪音扰人。

（5）舞池的周围最好设置足够的桌椅。它主要供舞蹈者在舞会期间休息之用。

（三）曲目

舞蹈是舞会的导向和灵魂。在为舞会选择舞曲曲目时，主要需要考虑以下四个要点。

1. 从众

选择的舞曲须符合大多数人的审美，切忌“曲高而和寡”。在一般情况下，最好选择众人熟悉的，节奏鲜明、清晰，旋律优美、动听的曲目作为舞曲。

2. 交错

从总体上讲，曲目的安排应当有“快”有“慢”，在节奏上令人一张一弛，方便参加者各取所需。可将不同国家、不同风格、不同节奏的曲目穿插在一起，使舞曲时而婉转抒情，时而热情奔放，好似波涛起伏一般，令人为之陶醉。

3. 适量

在正式的舞会上，最好提前将选好的舞曲印成曲目单，届时发给人手一份。曲目单上所列的曲目总数，应与舞会所预定的时间长度相呼应，并且“雷打不动”。

4. 依例

选择舞曲曲目，还须遵守约定俗成的惯例。比如，一般的舞会均以《一路平安》等作为最后一支舞曲。

（四）来宾

对于舞会的来宾，组织者要做的主要工作有约请、限量、定比等。

1. 约请

确定舞会参加者的名单后，即应尽早以适当的方式向对方发出正式邀请。要强调的是，为了便于被邀请者早作安排，在一般情况下，最好令对方在舞会举行的一周之前得到邀请。

2. 限量

舞会的来宾绝非多多益善。来宾过多，不仅会在现场造成拥挤，使舞者难以尽兴，而且还有可能危及大家的人身安全。因此，在筹办舞会时，必须以舞池面积为重要依据确定约请人数。

3. 定比

在较为正式的社交舞会上，相邀共舞之人不应当是同性，而必须是异性。要做到这一点，舞会组织者就要采取一切可行的具体措施，以保证舞会的全体参加者在总量上做到男女比例大致相仿。

（五）接待

要确保舞会的顺利进行，在主人一方还有一些具体的接待工作需要认真做好。其中较为重要的工作是要确定舞会的主持人、招待员，并备好适量的茶点。

1. 主持人

较为正式的舞会上，通常需要由经验丰富、具有组织才能的人士充当舞会主持人。在一般情况下，主持人应由女士担任。主持人的主要任务，是要注意控制、调整场内的情绪，使舞会始终保持欢快、热烈的气氛。

2. 招待员

在可能的情况下，主人一方还须组织一支精明强干的招待人员队伍。他们应由青年男女组成，并统一着装，或佩戴统一的标志。

3. 茶点

在时间较长、较为正式的大型舞会上，主方应为来宾提供适量的饮料、点心和果品，以供选用。

二、舞场的表现

舞会的所有参加者，在舞场之上均须检点个人的行为举止，注意自己的临场表现，时时处处遵守舞会的礼仪规范。

（一）修饰

参加舞会之际，依礼必须先期进行必要的、合乎惯例的个人形象修饰。修饰的重点主要有以下三方面。

1. 仪容

在仪容方面，舞会的参加者均应沐浴，并梳理适当的发型。男士务必要剃须，女士在穿短袖或无袖装时应去腋毛。特别强调的有两点：

（1）注意个人口腔卫生，认真清除口臭。

（2）外伤患者、感冒患者以及其他传染病患者，应自觉地不参加舞会，否则不仅有可能传染他人，而且还会影响大家的情绪。

2. 化妆

参加舞会前，有条件的人都要根据个人的情况，进行适度的化妆。男士化妆的重点，通常是美发、护肤和除异味。女士化妆的重点，则主要是美容和美发。化舞会妆时仍须讲究美观、自然，切勿搞得怪诞神秘、令人咋舌。

3. 服装

在正常情况下，舞会的着装必须干净、整齐、美观、大方。有条件的话，可以穿格调高雅的礼服、时装、民族服装。若举办者对着装有特殊要求的话，则须认真遵循。在舞会上，通常不允许戴帽子、墨镜，或者穿拖鞋、凉鞋和旅游鞋。在较为正式的民间舞会上，一般不允许穿外套、军装、警服和工作服。

（二）邀请舞伴

在舞会上，邀请他人与自己共舞一曲，是参加者必做之事。

1. 常规礼仪

在舞会上，邀请舞伴的基本规范是人人必须严格遵循的。不然的话，就会失敬于人，或是令人见笑。邀请舞伴时，最好是邀请异性。通常讲究由男士去邀请女士，不过女士可以拒绝；女士亦可邀请男士，然而男士却不可以拒绝。邀请他人跳舞，应当力求文明、大方、自然，并且注意讲究礼貌。千万不要勉强对方，尤其是不要出言不逊，或是与其他人争抢舞伴。

2. 邀请舞伴的方法

一般来说，邀请舞伴时，有两种具体办法可行：

（1）直接法。即自己主动上前邀请舞伴。可先向被邀请者的同伴含笑致意，然后再彬彬有礼地询问被邀请者："能否有幸请您跳一次舞？"

（2）间接法。即自觉直接相邀不便，或者把握不是很大时，可以托请与彼此双方相熟的人士代为引见介绍，帮助邀请。

3. 选择舞伴的要领

在舞会上自行选择舞伴时，亦有规则可循。有可能的话，不要急于行事，最好先适应一下四周的气氛，细心观察一下来宾。一般来说，以下八类对象是自选舞伴之时最理智的选择：年龄相仿之人；身高相当之人；气质相同之人；舞技相近之人；无人邀请之人；未带舞伴之人；希望结识之人；打算联络之人。

除以上几种情况之外，在舞会上倘若发现有人遇上异性的纠缠骚扰，最得体的做法是挺身而出，主动邀请被纠缠者跳一支曲子，以便"救人于水火之中"。

4. 邀请舞伴的顺序

在较为正式的舞会上，根据舞会礼仪的规定，人们除了要与自己一起来的同伴同跳开始曲、结束曲，并可以酌情自择舞伴之外，还须按照某些既定的顺序，去"毫无选择"地邀请其他一些舞伴。男士邀请舞伴的合理顺序应是：就主人方面而言，自舞会上的第二支舞曲开始，男主人应当前去邀请男主宾的女伴跳舞，而男主宾则应回请女主人共舞。

（三）拒绝邀舞

在一般情况下，在舞会上被人邀请时，不宜拒绝对方。万一非要回绝他人的邀请，则务必要注意态度和托词，切勿伤害对方的自尊心。

1. 态度

在拒绝他人邀舞的请求时，态度要友好、自然，表现要彬彬有礼。不要把对方晾在一旁下不了台，或者对其视而不见。口头拒绝对方时，最好讲明具体原因，并说“对不起”等话语。

被人拒绝后，要有自知之明，有台阶就下。千万不要自找没趣。

2. 托词

拒绝他人时，言语不宜僵硬、粗鲁。通常，拒绝别人，应在说明原因时使用委婉、暗示的托词。目前在舞会上委婉拒绝他人的托词，最常见的有下列六种：“已经有人邀请我了”；“我累了，需要单独休息一会儿”；“我不会跳这种舞”；“我不喜欢跳这种舞”；“我不熟悉这首舞曲”；“我不喜欢这首舞曲”。

（四）舞姿

参加舞会时，人人重在参与。一个人的舞姿不必美不胜收，其舞技也不必无可挑剔，但是他在舞蹈时所作所为却必须尽量达到合乎礼仪的标准，而且还必须文明大方。

1. 标准

步入舞池时，应女先男后，由女士选择跳舞的具体方位。而在跳舞的具体过程中进行合作时，则应由男士带领在先，女士配合于后。

每个人在跳舞之时，身体都应保持平衡，步伐切勿零碎、杂乱。在需要前进或后退的时候，迈出的脚步、身体的重心、力量的分配，一定要准确，并且要注意移动自如。

在跳舞时，应掌握运步方向的技巧。要记住：在交换各种方向时，均应以自己左脚或右脚的前脚掌为轴心进行转动。

有乐队伴奏时，一曲舞毕，跳舞者应首先面向乐队立正鼓掌，以示感激，此后方可离去。在一般情况下，男士应当将自己所请的女士送回其原来的休息之处，道谢告别之后，才能再去邀请其他女士。

2. 文明

在舞场上跳舞时，每个人的舞姿均应符合文明规范。跳舞时的具体动作，要与届时演奏的舞曲相协调。要注意与其他的跳舞之人保持适当的距离，以防相互影响。

除交谈之外，在跳舞时切勿长时间地紧盯着舞伴的双眼。万一碰到了对方的其他部位，应立即为自己的不慎向对方说一声“对不起”。

（五）交际

鉴于舞会多以交际为主，故此舞会亦称交谊舞会，参加舞会时，不能只图跳舞尽兴，而忘却了本应进行的交际活动。

1. 叙旧

在舞会碰上了老朋友、老关系，除了要争取邀请对方或者对方的舞伴共舞一曲之外，还要尽量抽时间找对方叙上一叙，致以必要的问候，并且传递适当的信息。

2. 交友

在舞会上结交新朋友，通常有三种方法可行：

（1）主动把自己介绍给对方。

（2）请主人或其他与双方熟悉的人士代为介绍。

（3）通过邀请舞伴的方式直接或间接地认识对方。

在舞会上结识新友以后，一般不宜长时间深谈。可在此后适当的时间主动打电话联络对方，以便进一步推进双方关系。

与互不相识的舞伴跳舞时，可略作交谈。其内容以称道对方的舞技、表扬乐队的演奏等为佳。有时也可以进行简短的自我介绍。但是，在交谈时不宜打探对方的个人隐私、贬低他人的舞技。无论如何，都不要在跳舞时向对方提出单独约会的请求，更不能风风火火、急不可耐地向其表白“一见钟情”的爱慕之意。

【行为训练】

课堂活动

1. 观看舞会的音像资料。

2. 训练邀请舞伴。

3. 训练婉言拒绝的礼仪。

4. 实践练习交谊舞。

课外活动

实际参加正规场合的舞会。

【阅读与思考】

1. 王老板拥有一家正在发展的软件公司，在一个舞会上，他恰巧见到了某电脑公司的总裁林女士，于是，他决定邀请林女士共舞一曲。不过林女士并不想接受王老板的邀请，她婉言谢绝了。王老板回到座位上当起了旁观者，邻桌刘小姐认出了他，走过来向王老板发出跳舞的邀请。舞会快结束时，王老板看林女士还在休息，就再次前去邀舞。

请你帮助王老板设计邀请林女士共舞的邀请词。林女士没有接受邀请，她可能说的谢绝词是什么？王老板可不可以拒绝刘小姐的邀请？王老板再次向林女士邀舞是否符合礼仪？林女士是否应再次拒绝？

2. 舞会中有你不愿伴舞者前来邀你跳舞，你该怎么办？（提示：分清性别来谈。）

【学习评价】

组织舞会要面面俱到，参加舞会要懂得并遵守礼仪，邀请别人跳舞时要显出风度，邀请别人跳舞和拒绝与人共舞时要语言委婉。跳舞的舞姿尽量标准。利用舞会适时交际。

【结束语】

舞会礼仪是人们约定俗成的，如果不注重舞会礼仪，往往给人以没有知识、没有文化、缺乏修养、不懂礼貌的感觉，损害了自身的公众形象，也影响了商务活动的效果。

第四节　商务庆典礼仪

案例导入

我该听谁的？

武先生准备开一家贸易公司，他请来了几个要好的朋友帮他策划开业庆典事宜。杨先生说："开业庆典搞来搞去还是那个老套路，请个乐队来唱唱歌，或是请个腰鼓队来倒腾几下，花钱赚吆喝，只要热闹喜庆就行。"李先生说："开业庆典不仅要喜庆，更要能沟通各方面的关系，我们要邀请一些与公司有密切联系的政界、商界、文化界人士来参加，以争取他们对公司的支持。"周先生说："搞庆典一定要有创意，要充分挖掘企业自身的特质。"张先生说："庆典活动最好能有新闻价值，并邀请新闻媒体参加，提高公司知名度。"众人七嘴八舌，武先生不知所措。

【评析与思考】

公司的庆典活动是常见的商务庆祝活动，要知晓组织庆典的目的和意义，针对不同的形式采用不同的方案，并在具体实施中组织严密，才能达到预期的效果。案例中武先生就是因为没有弄清楚庆典的具体目的和意义才会不知所措。

庆典是各种庆祝仪式的统称，在商务活动中，商务人员参加庆祝仪式的机会是很多的，既有可能奉命为本单位组织一次庆祝仪式，也有可能应邀去出席外单位的某一次庆祝仪式。

一、庆典的内容

商界所举行的庆祝仪式大致可以按内容分为以下四类：

（1）本单位成立周年庆典。通常成立周年庆典都是逢五、逢十进行的。即在本单位成立五周年、十周年以及它们的倍数时进行。

（2）本单位荣获某项荣誉的庆典。当单位本身荣获了某项荣誉称号，单位的"拳头产品"在国内外重大评比中获奖之后，多会举行这类庆典。

（3）本单位取得重大业绩的庆典。例如千日无生产事故、生产某种产品的数量突破 10 万台、经销某种商品的销售额达到 1 亿元等，这些来之不易的成绩往往都是要庆祝的。

（4）本单位取得显著发展的庆典。当本单位成立集团、确定新的合作伙伴、兼并其他单位、分公司或连锁店不断设立时，自然都值得庆祝一番。

二、庆典的组织筹备

组织筹备一次庆典，如同进行生产销售一样，先要做出一个总体的计划。商务人员如果受命完成这一任务，需要记住两大要点：其一，要体现出庆典的主要特色。其二，要安排好庆典的具体内容。

（一）体现庆典特色

毋庸多言，庆典既然是一种庆祝形式，就应当以庆祝为中心，把每一项具体活动尽可能组织得热烈、欢快而隆重。无论是举行庆典的具体场合，庆典进行过程中的某个具体场面，还是全体出席者的情绪表现，都要体现出红火、热闹、欢娱、喜悦的气氛。

（二）安排庆典内容

如果站在组织者的角度来考虑，庆典的内容安排，至少要特别注意出席者的确定、来宾的接待、环境的布置以及庆典的程序等四大问题。

1. 确定好庆典的出席人员名单

确定庆典的出席者名单时，始终应当以庆典的宗旨为指导思想。一般来说，庆典的出席者通常应包括如下人士：

（1）上级领导。地方党政领导、上级主管部门的领导，他们对单位的发展给予过支持、关心、指导，邀请他们参加，主要是为了表示感激之心。

（2）社会名流。根据公共关系学中的“名人效应”原理，社会各界的名人对于公众最有吸引力。能够请到他们，将有助于提高本单位的知名度。

（3）大众传媒。在现代社会中，报纸、杂志、电视、广播、互联网等大众媒介，被称为仅次于立法、行政、司法三权的社会“第四权力”。邀请他们并主动与他们合作，将有助于他们公正地介绍本单位的成就，进而有助于加深社会对本单位的了解和认同。

（4）合作伙伴。在商务活动中，合作伙伴经常是同呼吸、共命运的。请他们来与自己一起分享成功的喜悦是完全应该的，而且也是绝对必要的。

（5）社区关系。是指那些与本单位共居于同一区域，或对本单位具有种种制约作用的社会实体。例如，本单位所在区域的居民委员会、街道办事处、医院、学校、幼儿园、养老院、商店以及周边的其他单位等，请他们参加本单位的庆典，可促使他们进一步了解本单位，尊重本单位，支持本单位，或是给予本单位更多的关照。

（6）单位员工。员工是本单位的主人，本单位每一项成就的取得都离不开他们兢兢业业的努力和奋斗。所以在组织庆典时不容许将他们排除在外。

以上人员的具体名单一旦确定，就应尽早发出邀请或通知。鉴于庆典的出席人员甚多，牵涉面极广，故不到万不得已，均不许将庆典取消、改期或延期。

2. 精心安排好来宾接待的工作

与一般的商务交往中来宾的接待相比，对出席庆祝仪式的来宾接待，更应突出礼仪性的特点。不但应当热心细致地照顾好全体来宾，而且还应当通过主办方的接待工作使来宾感受到主人的真挚与敬意，应想方设法使每位来宾心情舒畅。

最好的办法，是庆典一经决定举行，即成立对此全权负责的筹备组。筹备组成员通常应当由各方面的有关人士组成，他们应当是能办事、会办事、办实事的人。

在庆典的筹备组之内，应根据具体的需要，下设若干专项小组，在公关、礼宾、财务、会务、报道等各方面“分兵把守”，各管一段。其中负责礼宾工作的接待小组不可缺少。

庆典的接待小组，原则上应由年轻、精干、身材与形象较好、口头表达能力和应变能力较强的男女青年组成。接待小组成员的具体工作有以下几项：其一，来宾的迎送。即在举行庆祝仪式的现场迎接或送别来宾。其二，来宾的引导。即由专人负责为来宾带路，将其送到既定的地点。其三，来宾的陪同。对于某些年事已高或非常重要的来宾，应安排专人陪同始终，以便关心与照顾。其四，来宾的招待。即指派专人为来宾送饮料、上点心以及提供其他方面的关照。

凡应邀出席庆典的来宾，绝大多数对本单位都是关心和友好的。因此，当他们光临时，主人没有任何理由不让他们受到热烈而合乎礼仪的接待。将心比心，在来宾的接待上若得过且过、马马虎虎，是会伤害来宾的自尊心的。

3. 精心布置好举行庆祝仪式的现场

举行庆祝仪式的现场，是庆典活动的中心地点。对它的安排、布置是否恰如其分，往往会直接地关系到庆典留给全体出席者的印象的好坏。依据仪式礼仪的有关规范，商务人员在布置举行庆典的现场时，要通盘思考的主要问题有：

（1）地点的选择。在选择具体地点时，应结合庆典的规范、影响力以及本单位的实际情况来决定。本单位的礼堂、会议厅，本单位内部或门前的广场，以及外借的大厅等，均可相机予以选择。不过，在室外举行庆典时，切勿因地点选择不慎而制造噪声，妨碍交通或治安。

（2）环境的美化。在反对铺张浪费的同时，应当量力而行，着力美化庆典举行现场的环境。为了烘托出热烈、隆重、喜庆的气氛，可在现场悬挂彩灯、彩带，张贴一些宣传标语，并且张挂标明庆典具体内容的大型横幅。如果有能力，还可以邀请本单位员工组成的乐队、锣鼓队届时演奏音乐或敲锣打鼓，热闹热闹。但是这类活动应当适度，不要热闹过了头，成为胡闹，或者“喧宾夺主”。千万不要请少先队员来扮演这类角色，不要让孩子们因为此类与他们无关之事而影响学业。

（3）场地的大小。在选择举行庆祝仪式的场地时，应当牢记并非愈大愈好。从理论上说，场地的大小应与出席者人数的多少成正比。也就是说，场地的大小应同出席者人数的多少相适应。人多地方小，必定拥挤不堪，会使人心烦意乱。人少的地方大，则会让来宾对本单位产生“门前冷落车马稀”的错觉。

（4）音响的调试。在举行庆典之前，务必把音响调试好。尤其是供来宾们讲话时使用的麦克风和传声设备，决不允许它们临阵“罢工”，让发言人手忙脚乱、大出洋相。在庆典举行前后，播放一些喜庆、欢快的乐曲，只要不抢占“主角”的位置，通常都是可以的。但是对于播放的乐曲，应先期进行审查。切勿届时让工作人员自由选择，随意播放背离庆典主题的乐曲，甚至是那些凄惨、哀怨、让人心酸和伤心落泪的乐曲，或是那些不够庄重的诙谐曲和爱情歌曲。

4. 精心拟订好庆典的具体程序

一次庆典举行得成功与否，与其具体的程序不无关系。仪式礼仪规定，拟订庆典的程序时，有两条原则必须坚持：第一，时间宜短不宜长。大体上讲应以一个小时为其极限。这既能确保其效果良好，也是对全体出席者尤其是来宾的尊重。第二，程序宜少不宜多。程序过多，不仅会加长时间，而且还会分散出席者的注意力，并给人以庆典内容过于凌乱之感。

依照常规，一次庆典大致上应包括下述几项程序：

（1）预备：请来宾就座，出席者安静，介绍嘉宾。

（2）宣布庆典正式开始，全体起立，奏国歌，并唱本单位之歌。

（3）本单位主要负责人致辞。其内容是对来宾表示感谢，介绍此次庆典的缘由，等等。其重点是报捷以及说明庆典的可“庆”之处。

（4）嘉宾讲话。大体上讲，出席此次庆典的上级主要领导、协作单位及社区关系单位，均应有代表讲话或致辞。不过应当提前约定好，不要当场当众推来推去。对外来的贺电、贺信等，可不必一一宣读，但对其署名单位或个人应当公布。在进行公布时，可依照其“先来后到”为序，或是按照其具体名称汉字笔画的多少进行排列。

（5）安排文艺演出。这项程序可有可无，如果准备安排，应当慎选内容，注意不要有悖于庆典的主旨。

（6）安排来宾进行参观。如有可能，可安排来宾参观本单位的有关展览或工作间等。当然，此项程序有时亦可省略。

三、参与庆典的礼仪

参加庆典时，不论是主办单位人员还是外来人员，均应注意自己临场之际的举止表现。其中，主办单位人员的表现尤为重要。

（一）主办方的礼仪

在举行庆祝仪式之前，主办单位应当对本单位的全体员工进行必要的礼仪教育。

对于本单位出席庆典的人员，还需规定好有关的注意事项，并要求大家在临场之时务必要严格遵守。在这一问题上，单位的负责人，尤其是出面迎送来宾和上主席台的人士，只能够“身先士卒”，而绝不允许有任何例外。因为道理非常简单，在庆祝仪式上，真正令人瞩目的，还是东道主方面的出席人员。假如这些人在庆典中精神风貌不佳，穿着打扮随便，举止行为失当，对本单位的形象便是一种“负面宣传”。

按照仪式礼仪的规范，作为东道主的商界人士在出席庆典时，应当严格注意的问题涉及以下七点。

1. 要仪容整洁

所有出席本单位庆典的人员，事先都要洗澡、美发，男士还应剃去胡须。无论如何，届时都不允许本单位的人员蓬头垢面、胡子拉碴、浑身臭汗，因为这样会给本单位的形象“抹黑”。

2. 要服饰规范

有统一式样制服的单位，应要求以制服为本单位人士的庆典着装。如无统一制服，则男士应穿深色西服套装，配白衬衫、素色领带、黑色鞋袜；女士应穿深色西装套裙，配长筒肉色丝袜、黑色高跟鞋，或是穿花色素雅的连衣裙。绝不允许在服饰方面任其自然、自由放纵，把一场庄严隆重的庆典搞得像一场时装或休闲装秀。

3. 要遵守时间

遵守时间，是基本的商务礼仪之一。对出席本单位庆典的人员而言，更小看不得这一问题。上到本单位的最高负责人，下到级别最低的员工，都不得姗姗来迟、无故缺席或中途退场。如果庆典的起止时间已有规定，则应当准时开始，准时结束。要向社会证明本单位的言而有信，这时正是好机会。

4. 表情要庄重

在庆典举行期间，不允许嬉皮笑脸，或是愁眉苦脸、一脸晦气、唉声叹气，否则会使来宾产生很不好的想法。在举行庆典的整个过程中，都要表情庄重、全神贯注、聚精会神。假若庆典之中安排了升国旗、奏国歌或唱厂歌的程序，一定要依礼行事：起立，脱帽，立正，面向国旗或主席台行注目礼，并且认认真真、表情庄严肃穆地和大家一起唱国歌、唱厂歌。在起立或坐下时把椅子搞得乱响，一边脱帽一边梳头，或是在此期间走动和找人交头接耳，都应该视为危害本单位形象的极其严重的事件。

5. 态度要友好

这里所指的是对来宾态度要友好。遇到了来宾，要主动热情地问好。对来宾提出来的问题，都要立即予以友善的答复。不要围观来宾、指点来宾，或是对来宾抱有敌意。当来宾在庆典上发表贺词时，或是随后进行参观时，要主动鼓掌表示欢迎或感谢。在鼓掌时，不要在对象上“挑三拣四”，不要“欺生”或是“杀熟”。即使个别来宾在庆典中表现得对主人不甚友善，也不应当当场“仗势欺人”，或是非要跟对方“讨一个说法”。不论来宾在台上台下说了什么话，主方人员都应保持克制，不要吹口哨、“鼓倒掌”、拍打桌椅、胡乱起哄。不允许打断来宾的讲话，向其提出挑衅性质疑，与其进行大辩论，或是对其进行人身攻击。

6. 要行为自律

既然参加了单位的庆典，主方人员就有义务以自己的实际行动，来确保它的顺利与成功。至少，大家也不应当因为自己的举止失当，而使来宾对庆典做出不好的评价。在出席庆典时，主方人员在举止行为方面应当注意的问题有：

（1）不要“想来就来，想走就走”，或是在庆典举行期间到处乱走、乱转。

（2）不要找周围的人说“悄悄话”、开玩笑，或是朝自己的“邻居”甚至主席台上的人挤眉弄眼、做怪样子。

（3）不要有意无意地做出对庆典毫无兴趣的行为，例如看报纸、读小说、听音乐、拨电话、发短信、打扑克、做游戏、打瞌睡、织毛衣等。

（4）不要让人觉得自己心不在焉，例如手机“一鸣惊人”、探头探脑、东张西望、一再看手表，或向别人打听时间。

（5）当本单位的会务人员对自己有要求时，需要“有则改之，无则加勉”。不要一时冲动，或是为了显得自己与众不同，而产生逆反心理，与之冲突。

7. 发言要简短

倘若商务人员有幸在本单位的庆典中发言，则务须谨记以下四个重要的问题：

（1）上下场时沉着冷静。走向讲坛时，应不慌不忙，不要马上奔过去，或是慢吞吞地“起驾”。在开口讲话前，应平心静气，不要气喘吁吁、面红耳赤、急得讲不出话来。

（2）要讲究礼貌。在发言开始时，勿忘说一句“大家好”或“各位好”。在提及感谢对象时，应目视对方。在表示感谢时，应郑重地欠身施礼。对于大家的鼓掌，则应以自己的掌声来回礼。在讲话结束时，应当说声“谢谢大家”。

（3）发言一定要在规定的时间内结束，而且宁短勿长，不要随意发挥、信口开河。

（4）应当少做手势。含义不明的手势在发言时坚决不能用。

（二）外单位人员的礼仪

外单位的人员在参加庆典时，同样有必要“既来之，则安之”，以自己上佳的临场表现来表达对于主人的敬意与对庆典本身的重视。倘若在此时此刻表现欠佳，则是对主人的一大伤害。所以宁肯不去，也绝不可去而失礼。

外单位的人员在参加庆典时，若是以其单位代表的身份而来，而且并不是仅仅代表自己个人的话，则更是特别需要注意自己的临场表现，不可对自己的所作所为自由放任。

[行为训练]

课堂活动

1. 分小组讨论“案例导入”中武先生庆典活动的方案并派代表在班上发言。

2. 练习庆典接待小组的接待工作。

3. 模拟各种角色练习整个庆典程序工作。

课外活动

注意观察某些公司庆典活动现场的气氛和场地布置，总结优劣。体验活动的整个程序，并结合所学内容写出具体的体会。

【阅读与思考】

长春公关学校由最初几个职业班发展到国家级重点职业学校，并在2007年被评为全国十大公众满意品牌学校。恰逢今年是学校建校15周年。学校领导经过研究决定召开15周年校庆活动，并确定了“非凡公关路”的活动主题。学校对内要增强全体师生对学校的自豪感和荣誉感，对外要展示公关学校由小到大、由弱到强的历程和所取得的成就，展示学校的实力和发展前景。学校成立了校庆筹备委员会，下设接待组、联络组、节目组、信息组、新闻组和秘书组。接待组负责组织礼仪队列队迎接宾客、来宾签到、赠送纪念品、活动引导、参观解说。新闻组负责庆典活动时的新闻采访活动和向媒体记者提供相关信息资料。联络组负责联络优秀毕业生，拍摄相关音像资料。信息组负责编写对外宣传册。节目组负责编排和筛选校庆的所有庆典节目。秘书组主要负责庆典仪式活动的筹划、制定议程、拟订重要来宾的名单，并撰写相关文书。

（1）假如你是公关学校的校庆秘书组成员，请拟出参与校庆的重要领导和来宾名单（可用职务代替）。

（2）制定出一份校庆活动庆典仪式程序。

【学习评价】

掌握庆典的会场布置和来宾的邀请，熟悉接待工作的细节，根据具体事宜拟订庆典的程序，了解庆典时应穿着的服装和出席庆典时应注意的礼仪细节。

【结束语】

在商务活动中，商务人员需要了解庆典仪式的相关问题和知识。因为商务人员参加庆典仪式的机会多，为维护本单位的良好声誉，扩大庆典的影响，就需要具备一定的庆典礼仪常识。

第五节　商务谈判礼仪

白小姐的第一次准备

A经贸有限公司与B经贸有限公司的商务合作谈判将在A公司总部会议室举行。

早在一周前，A公司的总经理王先生就指示秘书白小姐认真落实各项谈判的接待工作。王先生要求白小姐对谈判人员的穿着和举止、谈判座次的安排、对方人员的接送以及谈判中怎么样防止冷场等细节都要做出认真策划与规范。有多年秘书工作经验的白小姐，做这样周备的谈判策划与准备工作还是头一次。王先生为什么要做这样的安排？如果你是白小姐，你该怎样去落实？

[评析与思考]

出席正式的商务洽谈活动，首先值得商界人员重视的准备工作之一就是仪表，良好的仪表会给人良好的第一印象，商务洽谈关系公司发展大局，所以在这种场合理应穿着简约、高雅、规范。谈判是严肃的商业活动，出席谈判的有关人员的行为举止要倍加注意。介绍要得体、体态要规范，座次的安排要符合规矩，东道主要礼敬洽谈对手，做好迎送工作。要讲究谈判礼仪和技巧，避免冷场，以便顺利取得谈判成功。

谈判是现实生活的重要部分，大至两国之间领土的谈判，小到与小摊小贩的讨价还价，人们在互相交往中要协商问题，谋求各自的利益，这就离不开谈判。商务谈判是公司与客户之间或者公司与公司之间就业务关系如产品销售展开的谈判，其目的是要达成交易。据研究，商务谈判是公司高层或业务主管最主要的活动和任务。有谈判才有业务，有业务才有发展。

一、谈判前的准备

（一）组成谈判班子

要想在商务谈判中取胜，首先要有一个强有力的、高效率的、富有经验的谈判班子。可以这么说，谈判班子组成人员是否具有高素质，是否有凝聚力，是否配合默契，是谈判能否取得成果的关键因素。

那么，谈判人员以多少人为宜呢？国外许多专家经过论证后认为，谈判班子以不超过4人为宜。其理由如下：

（1）谈判人员不宜过多。如果人数过多，就会产生沟通和协调难题，使谈判工作不能卓有成效。另外，一次谈判，所需专门知识不会超过四种，因此，过多的人参与进来不一定有效。但是，谈判人员又不能只是一人，谈判中需要多种专业知识，所以应当既有懂政策、熟悉业务的领导干部，又有懂技术、懂法律、懂财务的专业人员参加。因此，谈判的组成人员应超过一人。

（2）现代管理理论认为，对任何经理人员而言，在谈判这种复杂的环境中，控制谈判班子以 3~4 人为宜，超过四人就显得过多而不易控制。

可见，一个谈判班子最恰当的人数不应超过 4 人。如果谈判时不需要有人提供专门知识，则选派两人参加较为理想。当一人主谈时，另一人观察情况，考虑对策，则主谈者在心理上可以无后顾之忧，而能致力于谈判工作。

同时，谈判双方代表的身份要对等，主谈人如此，其他谈判人员也应大致相当。如有不对等的，应向对方加以说明。

（二）提出谈判议程

谈判议程即谈判程序，包括所谈事项的次序和主要方法。它像一张地图，指示谈判人员从这里走到那里。

由谁制定谈判议程呢？一般以东道主为先，经协商后确定，或双方共同商议。也可以单方面提出，征得对方同意后成立。因此，在谈判准备阶段，己方要根据情况，争取主动，率先提出谈判议程，争取对方的同意。

一般说来，典型的谈判议程包括：

（1）谈判应在何时举行，为期多久。倘若是一系列的谈判，则分几次举行，每次所花的时间大致多久，休会时间多久。

（2）谈判在何地举行，举行几轮谈判。

（3）哪些事项应列入讨论，哪些事项不应列入讨论。列入讨论的事项应如何编排先后顺序，每一事项应占多少讨论时间等。

（三）选择谈判时间和地点

谈判活动可以分为两种类型：随机型谈判和有准备的谈判。前者中，谈判各方相遇而谈，不需要选择特定的时间和地点；后者的谈判各方事先敲定谈判议程，其中包括谈判时间和地点。

谈判时间适当与否，对谈判是否成功影响很大。一般说来，谈判者应以能使自己获得最佳谈判效果作为选择谈判时间的基础。

谈判者要注意自己的生理时钟，避免在身心状况不佳时进行谈判。例如夏天的午间，是人们需要休息的时间，有午睡习惯的人要在午睡以后进行谈判，因此不要把谈判安排在饭后立即进行。如去异地谈判，或去国外谈判，则应避免经过长途跋涉后立即开始谈判，要安排充分的休整之后再进行谈判。同时，不要在连续紧张工作后进行谈判，也不要在疲倦、烦躁、情绪不佳时进行谈判。

如果你是卖方谈判者，应主动避开买方市场；如果你是买方谈判者，则要尽量避开卖方市场。这两种情况下，都难以进行对等谈判。因此，要考虑时机，在你急需商品或急于出售商品时，不要进行谈判。

和体育比赛中主场、客场上球队的表现不同相似，谈判者也会受这种主客场效应的影响。在自己熟悉的地方谈判，各方面都比较习惯，可以随时向上级领导和行业专家请教，在生活起居、饮食睡眠上不受影响，而且居于东道主的身份，处理各项谈判事务都较主动。因此，要争取在己方地点与对方进行谈判。

只有在下列情况下，谈判者才应远离主场到异地去谈判：

（1）必须亲自检验查看谈判对手的某些资料、事由时；

（2）己方及其产品必须对外开放，寻找新的市场和合作伙伴时；

（3）有助于在多轮谈判交锋中，把决定性的一轮谈判放在对己方有利的场所时；

（4）即使谈判在异地他乡进行，对于谈判结果也不会有很大的影响时。

（四）布置谈判室

谈判室的布置，对于建立良好的谈判气氛、促进谈判取得成功意义很大。谈判室的布置以高雅、宁静、和谐为宜，最好选择一个幽静、没有外人干扰的地方。房间的大小也要适中，桌椅的摆设要紧凑但不显拥挤，室内温度适宜，灯光明亮，谈判桌上适当摆放一些文具、标志物和少许花草盆景等。具体而言，应考虑以下因素：

（1）光线。可利用自然光源，应备有窗纱，以防强光刺目；使用人造光源时，要合理配置灯具，使光线尽量柔和一点。

（2）声响。室内应保持宁静，使谈判能顺利进行。房间不应临街，不在施工场地附近，门窗应能隔音，周围没有电话铃声、脚步声、说话声等噪音干扰。

（3）温度。室内最好能使用空调机和加湿器，以使空气的温度和湿度保持在适宜的水平上。温度在20℃左右、相对湿度为40%～60%是最合适的。

（4）色彩。室内的家具、门窗、墙壁的色彩要力求和谐一致，陈设安排应实用美观，留有较大的空间，以利于人的活动。

（5）装饰。谈判室应力显洁净、典雅、庄重、大方。宽大整洁的桌子，简单舒适的坐椅（沙发），墙上可挂几幅风格协调的书画，室内也可适当装饰有工艺品、花卉、标志物，但不宜过多过杂，以简洁实用为主。

（五）安排座次

谈判中的座次安排有两层含义：一是谈判双方的座次位置安排，二是谈判一方内部的座次位置安排。

适当的座次安排，能够充分发挥谈判人员的信息传播功能，实现双方语言和非语言沟通的最佳效果。一般说来，双方谈判人员应面对面坐，谈判小组中的首席代表坐在台桌中间，其他人按职位大小依次排列在首席代表边。

谈判桌的形状和大小是必须考虑的问题。值得一提的是，越南和平谈判前人们足足花了三个月的时间协商谈判桌的形状和大小，最终才使双方代表坐到谈判桌前。

二、谈判技巧

谈判人员务必讲究谈判礼仪和技巧，以便顺利取得谈判成功。开始谈判前要善于营造气氛，在谈判过程中则应据理力争，力求双赢。

（一）营造气氛

当双方谈判人员按照规定的时间到达谈判地点（主人应提前到达），互致问候后落座。此时不必立刻开始谈判，不妨先谈一些非业务性的话题，营造和谐的气氛，然后轻松地把话题引上谈判正题。谈话时表情要自然，态度要和气，措辞应得当，当对方发表意见时，要善于聆听对方讲话，不要随便打断别人的发言。

（二）据理力争

在举行谈判时，谈判者在发言中应注意语言的客观性、针对性和规范性。

1. 客观性

谈判语言的客观性是指语言表述要尊重事实，反映事实，实事求是，以便双方自然而然地产生彼此“以诚相待”的印象，从而促使双方立场、观点相互接近，为最终取得谈判成功奠定良好的基础。

2. 针对性

谈判语言的针对性首先是指语言应围绕主题，有的放矢。在谈判过程中，针对不同的谈判内容，有选择地、有针对性地使用与谈判内容相关的语言、行话和术语，尽量做到言简意赅，恰到好处。谈判还应针对不同的谈判对象，使用不同的谈判语言。

3. 规范性

谈判语言的规范性是指谈判中语言表述要文明、准确。谈判者发言时应当使用文明、规范的语言，不讲脏话、粗话、黑话。谈判者用语要严谨、精确、标准，以便准确无误地表达自己的观点、意见，使双方更好地沟通和交流，从而明确各方的权利、责任和义务等，避免产生分歧和后患。

此外，谈判者可以根据谈判的需要，随机应变，灵活地使用富有弹性的外交辞令、丰富多彩的文学词汇、幽默诙谐的语言以及寓意深刻的成语与格言等。

谈判中，谈判双方发言时都应开诚布公，谈判过程中可以据理力争，但不要出言不逊、恶语伤人。双方都应注意求大同、存小异，尽量强调彼此一致的地方，互让互谅。谈判达成协议，应握手言欢；即使谈判破裂，也应当以礼待人，与对方握手话别，以显示风度，争取将来合作的机会。

三、部分国家谈判特征

（一）美国人谈判的特征

1. 态度热忱、外露奔放

美国人的谈判方式体现了美国人的特点：热情奔放，真诚坦率，感情外露。他们不喜欢拐弯抹角和冷冰冰，他们充满自信，自信地出入会场，自信地与对手辩论，自信地争取和维护自己的经济利益。

美国人在见面与离别时，都微笑着与在场的人握手，彼此问候的方式随意。交谈时，保持间距约 0.9 米，每隔 2~3 秒有视线接触。美国人强调约会要准时，赴会要准时。

2. 喜欢“一揽子”交易

与美国人谈判，没有充分的准备是不行的。美国人非常重视磋商阶段，在这一阶段，他们想了解对方的一切，也希望对方了解自己的意图。作为卖方，他希望买方谈判者按照他的要求做出“一揽子”说明；作为买方，他希望卖方谈判者提出“一揽子”条件。

3. 货好不可降价

美国人认为商品好，质量高，就要卖高价，绝不轻易大减价。美国人是讨价还价的高手，因此，与美国人打交道，光货好还不行，还应当有高超的讨价还价技巧，美国人会十分欣赏精明的人。

4. 重视律师，崇尚合同

重视律师的作用和小心地签订合同是同美国人谈判的要诀。

在谈判时，美国人总带有尽可能多、尽可能好的律师参加谈判。他们崇尚合同，严守合同信用，他们不相信人际关系，只认白纸黑字、有法律保障的合同契约。

所以，同美国人谈判时，要带上律师，而且要带好律师。律师一定要熟悉美国的法律。签订合同时，一定要仔细推敲合同条款，小心谨慎，考虑周到。

（二）英国人谈判特征

1. 严肃审慎

英国人经常不苟言笑，不爱表达自己的感情，不喜欢夸夸其谈，但为人和善友好，乐于交往。

英国人对新事物很审慎，他们在开始交往时保持一段距离，然后才慢慢接近。需决策时，他们会毫不犹豫地做出决定；遇到纠纷时，他们不会轻易让步。只要他们认为某一细节还没有解决，就不会同意签约。

2. 延迟交货

英国人以英语为母语，因此和英国人谈判时，最好会英语或带英文翻译。

有的英国商人对出口的产品会延迟交货，在与英国商人谈判进口货物时，一定要考虑到这一点。

（三）法国人谈判特征

1. 要求别人守约

与法国人约会，必须事先约定时间，准时赴约，但他们却经常迟到。如果你迟到了，他们就会冷淡地接待你。如果他们迟到了，他们会找出许多迟到的理由。

2. 重视人际关系

法国人在商务谈判中，重视人际交往。因此，初步接触时可以闲谈社会新闻、文化娱乐等话题，培养友情，融洽关系，谈判成功的可能性会随之增加。法国商人私下通常有非正式的关系网络以收集信息。

3. 决策者个人权力较大

法国企业中人际等级观念较强。在商务谈判中，法方首席谈判代表常常能独自做出决策。

4. 签订合同比较草率

法国人无论在哪一谈判阶段，都喜欢做个“纪要”、“备忘录”或“协议书”来记载已谈的内容，促成交易。在对主要条款项目统一意见后，法国人若觉得对己方有利，就会催促签约。

法国人喜欢先勾画合同的大致轮廓，然后谈妥合同要点，达成原则协议，最后再确定合同的具体细节。他们常常表现得急于出成果，当一份合同条款仅谈妥一半时，就要求在合同上签字。而且在签合同之前，往往不太认真仔细审核合同细节，导致在实施过程中会因细节问题引起误会、争议，甚至改约。

5. 8 月不谈生意

8 月是法国的度假季节，假期一般为 4 周，各行各业的人都去休假。法国人喜欢度假，任何劝诱都不会让他们推迟假期而与你谈判，因此最好避开 8 月份去法国谈生意。

（四）德国人谈判特征

1. 擅长于商务谈判

德国商人对本国产品极有信心，在商务谈判中，经常以本国产品作为衡量的标准。

德国商人喜欢明确表示他希望达成的交易，详细规定谈判中的议题，随后准备一份涉及所有议题的报价表。在谈判中，他们的概述和报价非常清楚，签订协议前十分重视细节，一经签订协议，就会严格信守合同。

2. 重合同，守信用

德国人在商务活动中，能严格遵守合同，诚实守信。他们制定的合同条款详细周密。他们常常详细说明一般合同中无须说明的规范和贸易实物内容。因此，与德国人谈判时，一定要有耐心。合同一旦签约，无论发生什么事，他们都能严格按照约定有始有终地执行，履约率堪称世界之最，素有“契约之民”的雅称。

3. 不在晚上进行谈判

德国人工作起来常常废寝忘食，但他们对家庭生活也看得很重。尤其到了晚上，家人团聚，共享天伦之乐。除非特别重要，与德国人的谈判不要安排在晚上。谈判者个人也尽量不要晚上因公务去打搅他们，甚至连礼节性拜访也应尽量减少，时间尽量缩短，不然会让人觉得此人是个不知趣的客人。

（五）日本人谈判特征

1. 礼仪周全

日本人的言行举止有严格的礼仪约束，称呼他人使用“先生”、“夫人”、“女士”等，不能直呼其名。与人见面，经常行鞠躬礼，鞠躬愈深表明愈敬重。

与日本人交换名片时，要向日方谈判班子的每一位成员都递送名片，不能遗漏。

2. 通过中间人办事

如果你已准备好同日本公司谈条件，一定要设法通过中间人去办。在初次接触中，不要自己直接找到那家公司。这位中间人应该符合以下条件：

（1）中间人最好是男性。日本公司是男性占统治地位的机构。

（2）中间人要对你的公司、产品或服务，以及你所需进行的交易了如指掌。

（3）中间人一定要是第三方。这个人既不是你公司的，也不是日方的，而是你们双方都熟悉的，并得到日方信任的。

（4）中间人要同将与之打交道的日方代表地位相同。如果他地位太高或太低，都会带来诸多不便。

3. 重视附属材料

日本人谈判时，决策过程可能涉及数十人，其中许多人可能不懂外文。因此，在谈判中，首先要提供一流的翻译材料。其次要提供直观材料，如样品、工作模式、图解、表格等。

4. 不愿与年轻人谈判

日本人不愿意和年轻人谈判，因为在日本，一个人只有为公司干上15~20年后，才会被授权代表公司。日本人很难相信年轻的洽谈者有决策大权。

（六）阿拉伯人谈判特征

1. 谈判节奏缓慢

在阿拉伯国家进行商务谈判，第一次接触很可能得不到所期望的结果，有时甚至第二次、第三次都接触不到实质性话题。

在谈判早期阶段的试探、摸底中，他们花很大力气用于打破沉默的局面，形成谈判的气氛；正式谈判中，他们也要花很长时间做出谈判的最终决策。

2. 不速之客常常使谈判中断

在阿拉伯国家进行谈判时，有时对方的亲朋好友会突然来到办公室，此时，他们一般会被请进屋内喝茶交谈，而外国谈判者则被冷落在一边，只有在客人离开后，阿拉伯人才会坐回谈判桌前，重新谈判。

[行为训练]

课堂活动

1. 模拟谈判座次的安排。
2. 谈判的模拟训练。

课外活动

观看影片《东京审判》，注意影片中谈判语言的运用技巧。

[阅读与思考]

某日，上海B公司收到一份杭州A厂的推销商品函，内容如下：

尊敬的上海B公司负责人：

我们杭州A厂建于2000年，是一家专业开发生产儿童饮料的企业。我们的合作伙伴美国宜稚儿童食品公司建于1894年，迄今已经有100多年的历史，宜稚公司的产品行销全球80多个国家和地区，该公司生产的儿童健康饮品享誉世界。

我厂生产的“BB佳”乳酸饮品已经在上海试销。最近，在上海结束的首届儿童食品博览会上，“BB佳”饮品受到众多消费者青睐，不断收到一些家长的来信赞扬，更多的人表示了购买意向。

我们了解到，贵公司是上海知名的批发公司，因而想借助贵公司的销售渠道推出我们的产品，作为初次合作，我们愿意提供相应的优惠条件，具体事宜待双方洽谈后确定。希望贵公司与我们接触面谈，这将给贵公司带来更大实惠。

顺致

敬意

杭州A厂

思考：

（1）如果上海B公司与杭州A厂进行谈判，由上海B公司作为主方，谈判地点选择在上海，上海B公司该做哪些准备工作？试模拟双方的谈判过程。（提示：谈判程序为导入、概说、报价、交锋、让步、协议。双方要确定最高目标、最低目标和可交换的目标。）

（2）谈判过程要注意哪些技巧？

（3）谈判语言有哪些要求？

［学习评价］

掌握谈判的准备工作，了解谈判的议程和程序。能运用谈判的技巧，运用表达、论辩提问和回答的技巧。了解部分国家的谈判特征。

［结束语］

谈判是改善关系，谈判是协商问题，谈判是谋求利益。各方都希望在谈判过程中得到对手礼遇，因此，每一位谈判者都需要掌握和讲究谈判礼仪。

第六节　推销礼仪

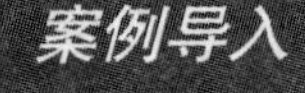

形象决定成败

星野经贸有限公司贸易部的王经理近来一直都在关注雅伦公司的产品，希望寻找一个合适的机会与之合作。有一天，他在办公室听到一阵急促的敲门声，以为是公司发生了什么急事，就连忙说请进。门开了，一个年轻人径直走进来。王经理打量了一下来人：他身穿一套皱皱巴巴的浅色旧西服，黄色的羊毛衫，打了一条领带，领带飘在羊毛衫外面。西服袖口和领口都有些脏,好像有油污。黑色皮鞋没有擦,布满了灰尘。头发很乱，一脸疲惫。来人自我介绍说姓周，是雅伦公司的推销员。尽管有些不大高兴，王经理还是请周先生坐下来，谈谈雅伦公司的产品。很快，王经理就发现周先生对雅伦公司的产品基本上熟悉，但对雅伦公司的文化则根本说不清楚，对整个市场也了解不够。好不容易等到周先生把话说完，王经理很客气地请他把雅伦公司的相关资料留下来，等自己看过了再联系他。此后，周先生却从没有接到过王经理的电话。周先生很困惑，究竟问题出在哪呢？

[评析与思考]

市场经济时代，推销是商品流通不可缺少的重要环节。形象是金，形象就是印象，形象就是影响。接受商品先要接受推销商品的人。因此，推销人员的形象举止要符合公司的形象和推销的礼仪要求。周先生的问题出在准备不足，包括心理上的准备不足、形象上的准备不足、业务知识上的准备不足。推销人员有哪些礼仪规范需要遵守呢？

在市场竞争机制日益完善的今天，如何在激烈的竞争中使自己的产品赢得用户的青睐是商务活动的首要任务。因为市场形势已不再是“皇帝的女儿不愁嫁”的卖方市场，推销已越来越为商业企业所重视。目前商业企业的推销工作主要由销售员承担。与柜台销售相比，人员推销具有更广阔的市场，使营销活动更富有浓厚的人情味，使消费者在购买商品的同时得到一种心理上的满足，从而提高商品的市场占有率。

一、推销员登门推销时的礼仪

登门推销是由促进销售活动的企业派出推销人员或委托推销人员亲自向目标顾客介绍产品，推广宣传，促使双方成交的一种销售方式。登门推销是商品促销组合中不可缺少的一个重要组成部分。推销员有可能是企业与客户之间唯一的人员接触。对客户而言，推销员代表着企业。推销员所推销的不仅仅是商品，实际上也包括自己和企业。在许多推销活动中，先引起客户注意的不一定是商品，而是推销员本人的形象。因此，推销员除了在平时应注意多丰富自己各方面的知识，提高自身修养外，在推销时还必须注意有关的礼仪问题。

（一）预先约见

登门推销最好是预先约见，让用户在心理上有所准备，这样才不会吃“闭门羹”。预约不仅能节约时间和精力，而且也是对客户礼貌的表现。约见一般有打电话和写信两种方式。

1. 电话约见

电话约见是现代社会常见的一种约见方式。在电话中求见要言简意赅，内容集中在时间的约定上。比如应该问对方："请问，明天合适还是后天合适？上午来还是下午来？"如果客户要求详细了解商品的情况，可回答："完全可以，我们还有些资料和样品要当面呈您过目。感谢您在百忙之中能抽出时间，我一定准时前来。"显然，这样灵活而礼貌的应答能得到客户的合作。

2. 写信求见

商务礼仪信件要遵循一定的格式来写。称呼要具体，使用礼貌语言。信的内容要简明扼要，围绕预约时间说明来龙去脉，切不要大谈推销商品的特点，否则容易引起用户的戒心，怀疑送上门的货不好。信的结尾应该署名，签上日期，能复印或打印更好，力争给用户留下良好印象。

（二）准备工作

1. 做好形象和心态方面的准备

在推销员与客户的最初交往中，推销员的形象往往比介绍信、证明信更有效果。这是因为，推销员的形象留给顾客的第一视觉印象，常常会使顾客形成一种特殊的心理定势，并无形中左右着顾客的抉择。因此，推销员与客户见面前，应适当修饰形象，使自己的容貌、着装同职业特点相吻合，给人以精干利落的感觉。同时，还应调整好心态，以乐观、进取的姿态展示在顾客面前，不能无精打采、心不在焉或心事重重，只有保持良好的心态，全身心地投入，才会感染顾客，唤起顾客的购买欲。

2. 做好物质方面的准备

在通常情况下，顾客是听凭推销员对商品的介绍来认识、了解商品的，如果推销员能备有方便推销的实物，则更能吸引顾客，激起他们的兴趣和好奇心。推销员必要的物质准备包括：

（1）名片、介绍信。以证明自己的身份。

（2）样品。给客户示范试用，以吸引客户。

（3）商品价目表。除印有本公司出售商品的价格外，还应备有其他公司同类产品的价格，以便于客户比较。

（4）统计资料和图表。即收集或制作的相关产量、销量、质量、出口量、市场占有率、销售服务网点等内容的统计资料和图表，使客户对商品有更进一步的了解。

（5）订购单。随时准备客户订购商品。

（6）买主名单一览表。让客户看看购买并使用本公司产品的买主名单，可以起到加强说服力的作用。

（7）公众舆论对本企业产品的介绍评价材料。包括权威机构的评价、报纸上的宣传、买主提货时兴高采烈的照片等。

以上所述物品，虽有时不能准备齐全，但作为推销者，应尽其所能，这样就能对客户提出的问题给予满意的答复，客户才能因此而放心地订购商品。

（三）拜访用户

推销员登门拜访时，举止应彬彬有礼，温文尔雅，给客户以好感，为自己的推销工作创造良好的开端。

1. 敲门

敲门是一种传递信息的行为，不同的敲门声传递着推销员不同的礼仪修养。推销员在敲门时，应有以下礼仪行为：

（1）敲门前应先观察，凡是有门铃的，应先按门铃；没有门铃，即使门开着，也应先敲门，得到允许后方能进入。

（2）敲门要运用手指的关节，适当用力。敲门声音应清晰响亮，决不能用巴掌拍，更不要用拳头擂。否则敲门震动力较大，会使主人精神紧张，产生反感。

（3）通常敲门一次敲三下为宜，每敲完一次门，应稍有停顿，不要连续敲，连续敲门容易给人造成一种急促感，不利于心平气和地进行推销。

（4）如果敲过几次没有人应声，就不要再敲了，这种情况说明屋里没有人或屋里有人但不想开门。若再继续敲下去，则是自找没趣。

2. 自我介绍

推销员拜访新客户时，应做简洁明确的自我介绍。如："张先生，您好，我是某某公司的某某，昨天下午和你约好的。"礼貌恰当的自我介绍能迅速唤起客户的注意和好感，迅速打开交谈局面。介绍时，切忌过分冗长，一定要精简。推销员应根据实际情况，设计自我介绍的"台词"，并纯熟自然地应用。

3. 介绍产品

向客户介绍产品，应如实地反映该产品的性能、特点、质量、维修知识等，应做到：

（1）讲真话。即真实地向客户传递商品信息，争取客户的信任，以利于顾客在正确分析判断的基础上做出购买决策。

（2）卖真货。推销信誉靠卖真货树立，而信誉又是推销的法宝。以假充真、以劣充优，只会害人害己。在假冒伪劣产品还不能完全杜绝的今天，保护消费者的利益，在很大程度上要靠推销人员把关。推销人员对此不能掉以轻心。

（3）出实证。包括推销人员身份证明和推销品证明两方面。真话真货要靠实证来证明，只有出示真凭实据，才能打消顾客对于推销人员、推销品和推销信息的种种疑虑，坚定顾客的购买决心。因此，在推销中，推销人员必须适时向顾客出示真实可靠的推销证明，以增强推销洽谈的说服力。

4. 商品展示

在进行商品介绍时，常要配合商品的展示，让客户了解商品的外观、性能、使用方法等。虽然商品种类不同，展示方法也不同，但总体礼仪要求却是一致的。

（1）对商品要非常爱护，要使顾客感到你对商品非常重视，轻拿轻放，小心保护。例如：商品的包装十分精美，推销员在打开包装时，就应十分仔细，显示出非常爱护的样子。这样，推销员的小心姿态就在顾客心目中创造了商品的价值感。切忌摆弄商品粗手粗脚，一副无所谓的样子。这样既暴露了推销员本人的粗鲁无礼，也无形中降低了商品在顾客心目中的价值。

（2）注意商品摆放。展示商品时，一般将正面、有商标的一面面对客户。某些有嘴、带把或带尖的产品，不可将其面向客户，而应将侧面朝向客户。

（3）允许客户操作和使用。在展示商品的同时，应鼓励客户亲自操作使用。这不仅有利于刺激客户的购买欲望，而且通过试用、操作，能使买卖双方的关系显得更融洽。总之，让客户亲眼看、亲自试用样品，往往会收到比单纯口说更好的效果。

5. 倾听客户之音

许多客户往往就你所推销的产品说不少的话，甚至会对你诉说一些与销售无关的事情。无论是哪种情形都应耐心倾听，这样一方面可以表现出你对客户的尊重，对他的理解和同情，另一方面你又可以从中了解客户的心理状态，并采取相应的推销策略。倾听时要注意以下几点：

（1）集中注意力用心地听，不可分神。

（2）耐心地听，不要打断对方的话。

（3）要听懂对方话中的主要意思，以免听到片断而产生误解。

（4）对对方谈话的内容，客观地加以分析和判断。

（5）仔细观察对方脸上的表情与身体的动作，要听出对方的弦外之音。

（6）理解客户的意见，尊重客户的选择。

在推销中，客户提出疑问，发表不同的意见，拒绝购买商品等，这些都是很自然的事情。对于客户的误解或不正确的观点，一般不要正面反驳，而应客观地说明事实或及时提供有关资料，以使客户自动修正自己的看法，切不可与客户发生争辩。如果在面谈中看出对方拒绝接受推销的决心已定，推销员决不能纠缠，强迫客户购买，更不能说一些不礼貌的话，而应对对方的接待表示谢意，说明今后继续联系的态度后告辞。

（四）礼貌告别

1. 把握时机，及时告辞

推销谈话结束，无论是完成推销还是劳而无功，只要确信已经把话说透，便应及时告辞。因为再重复就显得啰嗦，只会使客户反感。

2. 举止有度，安详沉稳

告辞时，如果推销不成，在收拾自己的东西时，应井井有条、不急不躁，不可露出慌乱神态；若推销成功也不能过分欢喜，表情激动，否则会使客户生疑而反悔，以致前功尽弃。

3. 恭敬有礼，善始善终

登门推销，不论是否成交，都应坚持礼貌地向客户告辞，切忌“生意成交，谦恭有礼；推销失败，即沮丧恼怒，甩门而去”。

二、客户登门时的推销礼仪

许多时候，客户会登门选购商品或洽谈业务。对于登门客户，应从各方面努力，营造良好的购物环境或融洽的洽谈气氛，使客户心情愉悦。

（一）随时做好接待客户的准备

随时保持接待室、会议室的整洁。如有样品陈列柜、奖状、奖杯、锦旗、图片等有助于表现企业形象的物品，应适当放在适当位置。接待客人常用的物品，如茶具、饮料、烟等随时备好。销售中的常用物品，如样品、说明书、合同文本、印章等，也应随时备好。

（二）热情接待，态度诚恳

客户到来，接待方的热情礼貌主要体现在迎接、引领、奉茶等一系列的环节。

1. 迎接

客人如果已预约，应按约定时间，派专人提前在约定地点恭迎。如客人地位较高，可由经理出面相迎。

2. 引领

客人到达，双方寒暄后，主人要及时引客人进洽谈室或会议室就座。

3. 奉茶

客人入座后，应向客人奉茶。递茶顺序应从地位最高的客人开始。待客主稳定下来后，再进入正题。

无论洽谈能否成功，都要注意诚恳、和蔼，因为成功的推销是在保证客人满意的前提下销售自己的商品的。向客人介绍自己的商品，要真实地说明商品的特点，诚恳地劝导对方，并说明购买之后会给对方带来什么好处，需要注意的问题也应当讲明。任何情况下，都不应表现出不耐烦的情绪或粗暴的态度。

（三）引导参观，示范介绍

无论是商品还是服务，能实地参观的，待用语言介绍完毕以后，应引领客人进行参观。百闻不如一见，事实是最有说服力的，在参观的同时，要向客人做示范介绍。即使客人对你的商品已经有所了解，也应再次示范。示范要集中在商品的主要优点或客人的主要需求方面，不要面面俱到，太烦琐、太费时的示范易使人生厌。对不同的客人，根据其需求差异，示范的内容和方式可有所不同。通过示范，使客人更加了解你的商品的实际功能和特点，帮助其得出正确的结论，唤起其购买欲望。

（四）礼貌送客

迎宾与送客，是相辅相成的两个重要环节，绝不能厚此薄彼。无论客人最终是否购买商品，都应礼貌相送。在谈话结束后，主人不要先起身，待客人起身后，方起身与客人握别，并说“欢迎光临，今后多联系”之类的礼貌语言。

三、推销员的语言要求

推销员在做推销工作时，往往会自觉不自觉地产生一种单纯向顾客销售商品的现象，这种心理对于推销工作的顺利开展是有妨碍的。因为它常会使顾客产生反感。所以推销员应努力避免直露地强要顾客购买商品，而要使推销活动富有浓厚的感情色彩。这就是说，在推销过程中，应注意与顾客建立和谐的关系，处处站在顾客的角度考虑问题，使顾客自然地进入你的“影响圈”，对商品产生兴趣，自愿购买。实现上述目的对推销员的语言提出了较高的要求。

（一）注意使用礼貌语言

在推销过程中，要注意使用“您好”、“谢谢”、“不必客气”、“对不起”、“请”、“再见”、“欢迎再来”等礼貌用语，使顾客感受到你对他的尊敬，唤起顾客对推销员的好感，这是推销迈出的一大步。同时，在推销中使用礼貌用语，使顾客消除了戒备心理，能够放心地就商品质量、用途、使用方法及商品价格等方面的问题进行询问。在推销员热情、坦诚的介绍中，在友好愉快的气氛中，就可能顺利地完成商品买卖过程。

（二）尽量使用肯定语言

在推销中常遇到顾客提出异议：“价格太贵了”。在这种情况下，推销员可采用先肯定后否定的技巧，把语言重点放在质量和特色这些顾客乐于接受的商品信息上，例如可以说：“是的，价格是不便宜，但是您考虑到商品的质量和特色，您就会觉得价格是合理的。”这样回答顾客的异议，会使顾客自己也感到价格贵是因为商品质量好，考虑到性价比，心中也就比较踏实了，购买的欲望就会油然而生。如果先对顾客提出的价格高问题进行否定，尽管解释了原因，但由于一开始使用了“否”的语言，容易引起顾客不悦，使其对后面的解释和劝说失去兴趣，仍拒绝购买。因此，在推销活动中，采用先肯定后否定的语言技巧是保证推销成功的重要一点。

（三）灵活使用诱导语言

推销商品时，还常常遇到顾客在买与不买中犹豫不决的情况。如果能把顾客买与不买的心理巧妙地转化为买这种还是买那种的心理，则是推销成功。诱导法，就是有意识地诱导顾客从买与不买，不知不觉地转化到买这种还是买那种，从而使顾客于无形之中在买哪种之间进行选择，而不再考虑买或不买的问题了。因此，在语言应用上，应避开“您买不买”一类的语言，而应直接就几种商品的不同特点展开宣传。比如推销服装，可以这样说：“这种深色给人以稳重、精干的感觉，这种浅色可留给人高雅、大方的印象，这两种颜色都适合职业女性穿着，您更喜欢哪一种？”这样推销，便很自然地超过买与不买的界限，而进入买哪一种的范围，自然比较容易取得成功。

（四）避免使用以“我”为中心的推销语言

商品推销中，推销员应避免使用以“我”为中心的推销语言，而尽可能地使用“您”为中心的语句。著名哲学家巴斯卡尔曾经说过：最能使人信服的是自我醒悟的道理，而非他人的说教。因此在推销中可通过提问的方式，诱导和激发顾客产生购买行为，使其自尊心得以满足。而不要强加于人，代替别人下结论。比如，可将“我认为……”改为“您是否认为……”，可将“我的想法对吗？”改为“您是怎么想的？”可将“我想您肯定会买的。”改为“您是内行，可不要错过机会。”如此提问，能使顾客顺从诱导，并能品味推销员没有说出的销售主题，很少会对推销员的诱导产生怀疑，容易成功。

尤其是在客户自己品味出销售主题之后，推销员还可以用赞美的语气，强化诱导的结果。如“您讲得很有道理”，“我完全同意您的见解”等。这些赞美的语言使顾客进一步“大彻大悟”，并将这种兴奋心理升华为购买信念，以至顺利成交。

（五）禁止使用与顾客争辩的语言

无论在什么情况下，一个成功的推销员都不会与顾客争辩。这是因为，事情的对与错常常是相对的，而争辩的时候往往会意气用事，说一些过激的话，以致得罪顾客。与顾客保持融洽的关系，是一个永恒的原则，也是推销礼仪的核心。因此，推销员应始终保持很好的自控能力，禁止使用与顾客争辩的语言，避免直接和顾客意见相左，不可固执己见。当然，不与顾客争辩不等于不敢否定顾客的异议。某些情况，直接否定顾客的异议，往往可以有效地吸引顾客考虑你的意见。但应注意，在否定顾客时，既要让顾客觉得你的观点是正确的，可以接受，又要注意用语温婉，避免语气过硬让顾客难堪。

【行为训练】

课堂活动

1. 结合实物，模拟训练推销员登门时的礼仪。
2. 客户登门时的模拟训练（注意语言的技巧运用）。

课外活动

1. 注意观察商场中销售记录较高的销售人员的礼仪和语言技巧，进行总结。
2. 利用假期做促销员工作，体会推销的礼仪并写出体会。

【阅读与思考】

一束玫瑰花的祝福

美国有一位著名的女企业家，成名之前是个普通的女工。那时她一心盼望购买一辆福特牌小轿车，就省吃俭用，等积蓄到足够的钱之后，她选择了自己24岁生日那天，兴冲冲地走进一家福特轿车经销点，询问轿车情况。销售人员见其衣着普通，以为她只是问问而已，就应付了几句，借口用午餐转身离开了。女工只得出门溜达，等待他用完午餐之后再登门。在闲逛时，她发现附近有另一家轿车经销店，顺便入内询问。那位售货员非常热情地回答她的所有询问，还与她拉家常。当他得知今天是女工24岁生日时，他客气地说了一声：“小姐，请稍候片刻。”便转身出门。不一会儿，他拿着一束玫瑰花回来，真诚地说：“小姐，您在生日之际光临本店，是本店的荣幸，我代表本店赠您一束玫瑰花，祝您生日愉快。”女工非常感激，于是就进一步询问该店经销的轿车的品种、性能，问明之后，她虽然觉得价格稍微高了一点，但是还是选择购买了轿车，并且把它推荐给周围的好朋友，最终女工共买走了这家店内的5辆轿车。

思考：为什么女工选择了她觉得“价格稍微高了一点”的轿车？两家轿车经销店的销售人员在销售中的表现有何不同？（提示：客户在选择商品时需要人性化的接待。任何冷漠、敷衍都会扼杀客户的购买热情，也使商家失去商机。）

【学习评价】

注意自己的形象举止，上门推销时打造良好的第一印象，语言要得体大方。在来客推销中与顾客建立融洽的关系，热情介绍商品，态度始终如一。熟悉过程，熟知业务，把握语言技巧。

【结束语】

推销礼仪是塑造销售形象的法宝。在销售过程中要尊重顾客、尊重自己。让更多的顾客认可你的销售形象，就是认同你销售的产品，增强信誉度，扩大销路。

第五章 涉外礼仪

随着我国对外开放的进一步加速，包括广大基层工作人员在内的我国各族人民，都有机会不断参与各种形式的涉外活动，既有可能在国内接待外国客人，也有可能到国外参观、访问、学习、旅游。在参与涉外活动时，我们应与世界各国的朋友们平等共处、和睦相待、互相尊重，并表现得举止有度、不卑不亢。这一切究竟做得如何，在很大程度上取决于外事工作人员对涉外礼仪规范了解得如何、遵守得如何。“有礼走遍天下，无礼寸步难行”这句老生常谈的话，就涉外场合而言，可谓毫不夸张。所以，在交往应酬时，应始终关注两个方面的问题：一方面，要向对方表达我方的尊重、友好之意；另一方面，要在对方面前维护好我方的国格、人格。

涉外礼仪，亦称国际礼仪，是在国际交往中，用以维护自身形象，并向交往对象表示尊重与友好的约定俗成的习惯做法，是为了更好地与不同民族、种族和国家的人进行社会交往所必须遵守的国际惯例与交际规则。

第一节 涉外礼仪的基本原则

案例导入

左手带来的麻烦

杨帆是一名白领丽人，她机敏漂亮，待人热情，工作出色，因而颇受重用。有一次，公司派她和几名同事一道前往东南亚某国洽谈业务。一向处事稳重、举止大方的杨小姐，在访问期间，竟然由于行为不慎而招惹了一场不大不小的麻烦。事情的经过是这样的：杨小姐和她的同事一抵达目的地，就受到了东道主的热烈欢迎。在随后特意为他们举行的欢迎宴会上，主人亲自为来自中国的嘉宾一一递上当地的特产饮料，以示敬意。在主人向杨小姐递送饮料时，“左撇子”的杨小姐不假思索，自然而然地抬起自己的左手去接饮料。见此情景，主人脸色大变，非常不高兴地将饮料重重地放在餐桌上，随即扬长而去了。

【评析与思考】

按照当地人的习俗来看，杨小姐伸出左手去接主人递送过来的饮料，是对主人大不敬的严重“犯规”行为。在那个国家，人们的左右手在日常生活里是有明确分工的，并且还有着尊卑之别。在一般情况下，左手被当作“不洁之手”，仅可用于沐浴或去洗手间方便。以左手递接物品，或是与人接触、施礼，在该国被人们公认为蓄意侮辱。

杨小姐在这次涉外活动中违规犯忌，说到底是由于她不了解交往对象的习俗所致。也就是说，她在入乡随俗、求同存异方面还知之不多。要做到入乡随俗，必须做到以下两点：第一，必须充分了解与交往对象相关的习俗，必须认真做好“入境而问禁，入国而问俗，入门而问讳”。第二，必须无条件地对交往对象所特有的习俗加以尊重。求同存异就是遵守国际惯例，注意“个性”。只有这样，我们才不会招惹一些不必要的麻烦。所以了解涉外礼仪的基本原则是非常重要的。

所谓涉外礼仪的基本原则，通常是指在运用涉外礼仪时必须共同遵循的国际交往的规则，即在运用涉外礼仪时所提出的最基本也是最重要的要求。

一、维护个人形象

个人形象在国际交往中深受人们的重视。在涉外交往中，每个人都必须时刻注意维护自身形象，特别是要注意维护自己在正式场合留给初次见面的外国友人的第一印象。

个人形象在构成上主要包括以下六个方面，它们被称为个人形象六要素：

（1）仪容。仪容是个人形体的基本外观。在国际交往中，通常要求男子不蓄须，不让鼻毛、耳毛外露，不留长发；女子不剃光头，不宜暴露腋毛，不宜化浓妆；任何人都不准刺字、文身，不准蓬头垢面。

（2）表情。表情，通常主要是一个人的面部表情。在国际交往中，最适当的表情应当是亲切、友好、热情、自然的。表情过度夸张，过于沉重，或者面无任何表情，都是不应该的。如果不注意这些问题，就很容易导致误会，甚至产生麻烦。

（3）举止。举止，指的是人们的肢体动作，在心理学上又称为“形体语言”。要坚决改正当众擤鼻涕、掏耳朵、剔牙齿、对人指指点点、就座后跷“二郎腿”等不文明的举止动作，要努力学习文明、优雅的举止动作。

（4）服饰。服饰是对人们穿着的服装和佩戴的首饰的统称。一个人的服饰，不仅表现个人的审美品位，而且也充分反映个人修养。

（5）谈吐。谈吐，即一个人的言谈话语。交谈时，一定要遵照国际惯例，自觉地调低音量。同时，还应使用规范的尊称、谦词、敬语与礼貌语。

（6）待人接物。所谓待人接物，具体是指与他人相处时的表现，亦即为人处世的态度。重视待人接物，不仅要善于运用常规的技巧，更重要的是要善于理解人、体谅人、关心人、尊重人。

二、不卑不亢

不卑不亢是涉外礼仪的一项基本原则。它要求每一个人在参与国际交往时，都必须意识到自己代表着自己的国家，代表着自己的民族，代表着自己所在的单位。因此，其言行应当从容得体，堂堂正正。在外国人面前既不应该表现得畏惧自卑、低三下四，也不应该表现得自大狂傲、放肆嚣张。

周恩来同志曾经要求我国的涉外人员具备高度的社会主义觉悟、坚定的政治立场和严格的组织纪律，在任何复杂艰险的情况下，对祖国赤胆忠心，为维护国家利益和民族尊严，甚至不惜牺牲个人一切。江泽民同志指出，涉外人员必须能在变化多端的形势中判明方向，在错综复杂的斗争中站稳立场，在各种环境中都严守纪律，在任何情况下都忠于祖国，维护国家利益和尊严，体现中国人民的气概。他们的这些具体要求，应当成为我国一切涉外人员的行为准则。

三、热情有度

热情有度是涉外礼仪的基本原则之一。它要求人们在参与国际交往，直接同外国人打交道时，不仅要待人热情友好，更为重要的是，要把握好待人热情友好的具体分寸，否则就会事与愿违，过犹不及。在涉外交往中遵守热情有度这一基本原则，关键是要掌握好四个方面的度，即关心有度、批评有度、距离有度、举止有度。

[知识链接]

在涉外交往中，人与人之间的正常距离大致可以划分为以下三种，它们各自适用于不同的情况：

（1）私人距离，其距离小于0.5米。它仅适用于家人、恋人与至交，因此有人称其为亲密距离（如图5—1所示）。

（2）社交距离，其距离大于0.5米，小于1.5米。它适合于一般性的交际应酬，故亦称常规距离（如图5—2所示）。

图5—1 私人距离

图5—2 社交距离

（3）礼仪距离，其距离大于1.5米，小于3米。它适用于会议、演讲、庆典、仪式以及接见，意在向交往对象表示敬意，所以又称敬人距离。

四、适当谦虚

适当谦虚的基本含义是，在国际交往中涉及自我评价时，虽然不应该自吹自擂，自我标榜，一味地抬高自己，但是也绝对没有必要妄自菲薄，自我贬低，自轻自贱，过度地对外国人进行谦虚、客套。要敢于并且善于充分地从正面肯定自己，而切勿随意过分否定自己、贬低自己。

例如，当外国友人赞美自己的相貌、衣饰、学识时，一定要落落大方地道上一声："谢谢！"

五、尊重隐私

在涉外交往中，务必要严格遵守尊重隐私这一主要原则。一般而论，在国际交往中，下列八个方面的私人问题均被海外人士视为个人隐私问题：

（1）收入、支出状况。

（2）年龄大小。

（3）恋爱婚姻状况。

（4）身体健康状况。

（5）家庭住址。

（6）个人经历。

（7）信仰、政见。

（8）所忙何事。

要尊重外国友人的个人隐私权，在与对方交谈时，就必须自觉避免主动涉及这八个方面的问题。为了便于记忆，它们亦可简称为"个人隐私八不问"。

六、求同存异

求同就是遵守国际惯例，取得共识，便于沟通，避免周折；存异就是注意"个性"，了解具体交往对象的礼仪习俗禁忌，并予以尊重。

（一）对待中外礼仪与习俗差异性的原则

首先，对于中外礼仪与习俗的差异性，是应当予以承认的。其次，在涉外交往中，对于中外礼仪与习俗的差异性，重要的是了解，而不是评判是非、鉴定优劣。

（二）在国际交往中遵守礼仪的原则

在国际交往中，究竟遵守哪一种礼仪为好呢？一般而论，大体有三种主要的可行方法：

（1）以我为主。以我为主，即在涉外交往中，基本上采用本国礼仪。

（2）兼及他方。兼及他方，即在中外交往中，在基本上采用本国礼仪的同时，适当地采用一些交往对象所在国现行的礼仪。

（3）求同存异。求同存异是在涉外交往中为了减少麻烦、避免误会最为可行的做法；是既对交往对象所在国的礼仪与习俗有所了解并予以尊重，又对国际上通行的礼仪惯例认真地加以遵守。

七、遵时守约

遵时守约原则是指在一切正式的国际交往中，都必须认真而严格地遵守自己的所有承诺。说话务必要算数，许诺一定要兑现，约会必须要如约而至。在一切有关时间方面的正式约定中，尤其需要恪守不怠。在涉外交往中，要真正做到遵时守约，对一般人而言，须在下列三个方面身体力行，严格地要求自己：

（1）许诺要谨慎。承诺或约定一定要字斟句酌，考虑周全，既不要含糊不清、模棱两可，也不要信口开河。

（2）承诺要兑现。对于自己已经做出的约定，务必要认真地加以遵守。

（3）失约要道歉。万一由于难以抗拒的因素，致使自己单方面失约，或是有约难行，需要尽早向有关各方进行通报，如实地解释，并且还要郑重地向对方致以歉意，主动负担给对方造成的物质方面的损失。

八、女士优先

女士优先是国际社会公认的重要的礼仪原则，是指在社会交往中，女士在男士面前处于尊者地位，享受相应的礼仪待遇。女士优先的含义是，在一切社交场合，每一名成年男子都有义务主动、自觉地以自己的实际行动，去尊重妇女、照顾妇女、体谅妇女、关心妇女、保护妇女，并且还要想方设法、尽心竭力地去为妇女排忧解难。倘若因为男士的不慎，而使妇女陷于尴尬、困难的处境，便意味着男士的失职。这并不代表女性是弱者，而是要求男士像尊重母亲一样尊重女性。

女士优先原则还要求在尊重、照顾、体谅、关心、保护妇女方面，男士们对所有的妇女都一视同仁。

以上主要适用于社交场合。在公务场合，人们强调的是男女平等，或者是忽略性别，因而不太讲究女士优先。

九、以右为尊

在正式的国际交往中，依照国际惯例，将多人进行并排排列时，最基本的规则是右高左低，即以右为上、以左为下、以右为尊、以左为卑。

大到政治磋商、商务往来、文化交流，小到私人接触、社交应酬，但凡有必要确定并排列具体位置的主次尊卑时，以右为尊都是普遍适用的。

十、入乡随俗

入乡随俗是涉外礼仪的基本原则之一。它的含义主要是，在涉外交往中，要真正做到尊重交往对象，首先就必须尊重对方所独有的风俗习惯。之所以必须认真遵守入乡随俗原则，主要是出于以下两方面的原因：

（1）世界上的各个国家、各个地区、各个民族，在其历史发展的具体进程中，形成各自的宗教、语言、文化、风俗和习惯，并且存在着不同程度的差异。这种“十里不同风，百里不同俗”的局面，是不以人的主观意志为转移的，也是世间任何人都难以强求统一的。

（2）在涉外交往中注意尊重外国友人所特有的习俗，容易增进中外双方之间的理解和沟通，有助于更好地、恰如其分地向外国友人表达我方的亲善友好之意。

当自己身为东道主时，通常讲究“主随客便”；当自己充当客人时，则又讲究“客随主便”。接待人员必须充分了解交往对象的风俗习惯，无条件地加以尊重，不可少见多怪、妄加非议。

【行为训练】

1. 西方社会中，女士优先是首要礼节，试运用此礼节模拟训练以下几种情境：

（1）参加社交聚会时，男宾在见到男、女主人后的问候顺序。

（2）主人为不相识的男、女来宾进行介绍的顺序及握手顺序。

（3）男、女在室外并排行走时的礼仪顺序。

2. 试运用所学礼仪，练习以右为尊的原则。

3. 热情有度原则关键是要掌握好哪四“度”？试模拟训练在家里热情有度地接待外国朋友的情景。

【阅读与思考】

刚参加工作不久的张小姐因公去外地出差。在飞机上，她碰到了一位来华旅游的美国姑娘玛利。为了表示友好，张小姐主动热情地用英语向玛利问长问短，玛利都热情回答。但当问及“你今年多大了”时，玛利答非所问地予以搪塞：“你猜猜看。”张小姐感觉没趣，接着又问：“到你这个岁数，一定结婚了吧？”玛利转过头去，再也不理会张小姐。

思考：

张小姐在此次涉外交往中出现了什么问题？

【学习评价】

学习基本的涉外交往准则，既要有高度政治责任感，熟悉各方面的业务，有严谨、灵活的学习态度；又要理论联系实际，举一反三。这才能避免在对外交往中出现问题，能够更好地维护形象，增进人际沟通与交流的能力。

【结束语】

涉外礼仪的基本原则，既是对国际交往惯例的高度概括，又对参与涉外交际的中国人具有指导意义。

第二节　涉外交往常识

案例导入

事与愿违的着装

郑伟是一家大型国有企业的总经理。有一次，他获悉德国一家著名企业的董事长正在本市进行访问，并有寻求合作伙伴的意向。于是，他想尽办法，请有关部门为双方牵线搭桥。让郑伟欣喜若狂的是，对方也有兴趣同他的企业进行合作，而且希望尽快会面。到了双方会面的那一天，郑伟根据自己对时尚的理解，穿了一身白色西装，内着红色衬衫，足穿白色皮鞋，未系领带。他希望自己能给对方留下精明强干、时尚新潮的印象。然而，事与愿违。当与对方见面后，没有商谈几句，对方便告知合作之事应当再议。郑伟很是不解。

【评析与思考】

此案例中，正是郑伟自我感觉良好的这一身时髦的“行头”坏了他的大事。他的德国同行认为，此人着装随意，给人的感觉过于前卫，尚欠沉稳。这说明郑伟不懂得涉外公务交往中对衣着搭配的礼仪要求，即在公务场合的着装应当重点突出庄重保守的风格，不应过于时髦，并应以深色套装为主，必须系领带。而他的穿着却恰恰相反，因此失去了一个很好的机会。所以说，我们必须严格遵守有关礼仪规范，以便更加准确地反映出每个人的品德与修养，更好地促进对外交往。

在外事工作中，每一个外事人员都代表着自己的国家，代表着自己的民族。常言道：“外事无小事”，在对外交往中要重细节、讲规矩，具体交往礼仪规范体现在衣、食、住、行、访、赠、小费等几个方面。

一、涉外交往中衣的礼仪

在与外国人打交道时，涉外人员的衣着是身份、地位、修养与品位的客观体现，对它的基本礼仪要求是得体而应景。主要需要注意以下两个方面的问题。

（一）涉外人员应当懂得依照自己所处的具体场合，选择与其所相适应的服装

根据涉外礼仪规范，在国际交往中，涉外人员所接触的各种具体场合大体可以分为三类，即公务场合、社交场合和休闲场合。

1. 公务场合

在公务场合，涉外人员的着装应当重点突出庄重保守的风格。不宜强调个性、突出性别，不应过于时髦或是显得过于随便，而应当既端庄大方，又严守传统。

目前，我国的涉外人员在公务场合的着装，最为标准的是深色毛料的套装、套裙或制服。具体而言，男士最好是身着藏蓝色、灰色的西装套装或中山装，内穿白色衬衫，脚穿深色袜子、黑色皮鞋。穿西装套装时，务必要系领带。女士的最佳衣着是，身着单一色彩的西服套裙，内穿白色衬衫，脚穿肉色长筒丝袜和黑色高跟皮鞋。有时，穿单一色彩的连衣裙亦可，但是尽量不要选择以长裤为下装的套装。

2. 社交场合

社交场合，通常是指在公共场所里与他人进行交际应酬活动的场合，如观看演出、出席宴会、参加舞会、登门拜访、参与聚会等。在此种场合，涉外人员的着装应当重点突出时尚个性的风格，既不必过于保守从众，也不宜过分地随便邋遢。尽可能使自己的服装摩登一些，充分体现出自己与众不同的个人特点。

在很多国家，人们在出席隆重的社交活动时有穿着礼服的习惯。在为此类社交活动发出的正式请柬上，往往会对要求穿着的礼服进行特别的规定。

我国现在需要穿着礼服的场合中，男士一般穿着黑色的西装套装或中山套装，女士则穿着单色的旗袍或下摆长于膝部的连衣裙。其中，尤其以黑色中山装套装与单色旗袍最具中国特色，并且应用最为广泛。在社交场合，最好不要穿制服或便装。

3. 休闲场合

所谓休闲场合，是指涉外人员在公务活动之外用于个人休息，以及在公共场所里与不相识者共处的场合，如居家休息、健身运动、游览观光、街市漫步、商场购物等。涉外人员的着装应当重点突出舒适自然的风格。

常见的有牛仔装、运动装、夹克衫、T 恤衫、短袖衬衫、短裤等。没有必要衣着过于正式，尤其应当注意，不要穿套装或套裙，也不宜穿制服。

（二）涉外人员应当使自己的衣着得法

1. 了解并遵守着装的正确方法

穿西装时，要注意的问题有：第一，在穿西装之前，务必要将位于上衣左袖袖口之上的商标、纯羊毛标志等先行拆除，它们与西装的档次、身价无关。第二，在一般情况下，坐着的时候，可将西装上衣衣扣解开；站起来之后，尤其是需要面对其他人

时，则应当将西装上衣的衣扣系上。第三，穿西装时，最好不要内穿毛衫。非穿不可时，则只允许穿一件单色薄型的“V”字领羊毛衫。不要在西装里面穿开领的、花哨的羊毛衫，特别是不要同时穿多件羊毛衫。

穿长袖衬衫时，需要注意的问题有：在正式场合，下摆一定要束在裤腰或裙腰之内。袖管不仅不可以挽起来，而且袖扣一定要系上。不穿西装上衣，或是穿上衣未打领带时，领扣则通常可以不系。

【知识链接】

西装上衣的衣扣有一定的系法：双排扣西装上衣的衣扣，应当全部系上。单排两粒扣西装上衣的衣扣，应当只系上边的那粒衣扣。单排三粒扣西装上衣的衣扣，则应当系上边的两粒衣扣，或单系中间的那粒衣扣。穿西装背心时，最下边的那粒衣扣一般可以不系。

打领带的几种方式如图5—3所示。

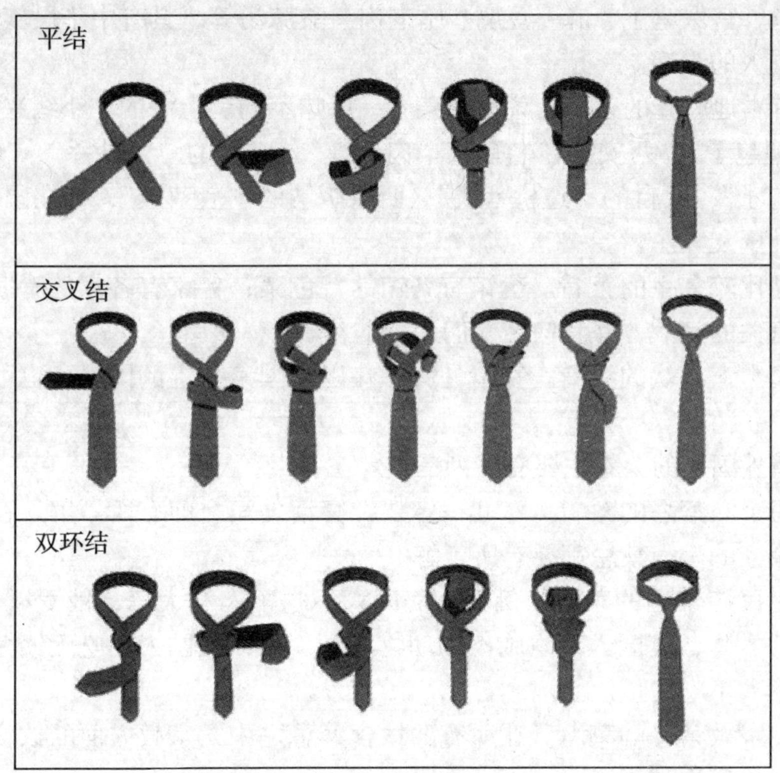

图5—3 打领带的方式

2. 了解并遵守着装的搭配技巧

在国外，男士在正式场合的着装，必须遵守“三色原则”。所谓“三色原则”，是指全身上下的衣着应当保持在三种色彩之内。有品位的男士还要注意“三一定律”，即男士在正式场合露面时，应当使自己的公文包与鞋子、腰带色彩相同。

女士在正式场合的着装，不应该使自己的袜口暴露在外。不仅在站立之时袜口外露不合适，就是在行走或就座时袜口外露也不合适。穿裙装的女士，最好穿连裤袜或长筒袜。

二、涉外交往中食的礼仪

在涉外交往中，用餐的礼仪十分重要，在宴请外宾的时候，如果对用餐问题考虑不周，就会令对方产生不满。而在出席外国友人的宴请时，若是在用餐时举止失当，则会贻笑大方。下面我们就这两种情况分别介绍涉外人员在设宴和赴宴时应当注意的主要事项。

（一）以东道主的身份设宴款待外国人时需要注意的问题

1. 确定宴请的菜单

按照一般规律，适宜于宴请外国友人的菜肴基本上可以分为下列四类：

（1）具有民族特色的菜肴。例如，春卷、元宵、水饺、龙须面、扬州炒饭、清炒豆芽、鱼香肉丝、宫保鸡丁、麻婆豆腐、咕老肉、酸辣汤等。具有中华民族特色的菜肴，往往受外国友人的欢迎。

（2）具有本地风味的菜肴。各地的菜肴，风味不同。上海的“小绍兴三黄鸡”，天津的“狗不理包子”，西安的“老孙家羊肉泡馍”，成都的“龙抄手”、“赖汤圆”，开封的“灌汤包子”，蒙自的“过桥米线”，西双版纳的“菠萝饭”，都在国内久负盛名，可用以款待外国友人。

（3）自己比较拿手的菜肴。餐馆有餐馆的特色菜，各家有各家的看家菜。主人还须细说与其有关的掌故，并且向客人们进行推荐。

（4）外宾本人喜欢的菜肴。宴请外宾，在以中国菜为主的同时，也可以上一些对方的家乡菜。

不宜宴请外国人的菜肴主要有下列三类：

（1）触犯个人禁忌的菜肴。对此一定要在宴请外宾之前有所了解。在宴请多名外宾时，对每个人的个人禁忌都要有所了解。

（2）触犯民族禁忌的菜肴。例如，美国人不吃羊肉和大蒜，俄罗斯人不吃海参、海蜇、墨鱼、木耳，英国人不吃狗肉和动物的头、爪，法国人不吃无鳞鱼，德国人不吃核桃，日本人不吃皮蛋。

（3）触犯宗教禁忌的菜肴。在所有的饮食禁忌之中，宗教方面的饮食禁忌最为严格，而且绝对不容许丝毫违犯。

2. 选择就餐的方式

世界上主要存在三种就餐方式：一是用筷子就餐，二是用刀叉就餐，三是用右手直接就餐。

使用筷子就餐时，可细分为下列四种具体形式：

（1）“混餐式”就餐方式。也称“合餐式”就餐方式，是指用餐者各用自己的餐具，围坐一起，取用同一份菜肴。仅适合于一家人一起用餐，不适宜在宴请外人时采用。

（2）“分餐式”就餐方式。亦称“中餐西吃”，在用餐时，无论菜肴还是主食，一律每人每样一份。在举行小型正式宴会时，它是最佳的选择。

（3）“自助式”就餐方式。也称自助餐，菜肴与主食被统一放在一起，所有用餐者须排队，并依照自己的口味、食量自由取用。

（4）“公筷式”就餐方式。这是指用餐时用餐者仍须取用同一份菜肴，但在取用时必须采用公用的餐具，如公筷、公匙等。可在举行款待外宾的家宴时采用。

3. 排定宾主的座次

我国在排列桌次时，通常讲究采用圆桌，各桌就餐者不宜超过 10 人。一般情况下，主桌可采用较大一些的圆桌，其他桌须大小一致。在正式宴会厅内安排桌次时，主要有以下几条规矩：

（1）居中为上。即各桌围绕在一起，居于正中央的那张餐桌应为主桌。

（2）“以右为上”。即以面对宴会厅正门为准，右侧的餐桌高于左侧的餐桌。

（3）以远为上。即各桌纵向排列时，以距离宴会厅正门的远近为准，距其愈远，餐桌座次愈高。

（4）临台为上。即宴会厅内若有专用的讲台时，应以背靠讲台的餐桌为主桌。

在排列每张桌子上的具体位次时，有以下三个基本的礼仪惯例：

（1）面门为主。在每张餐桌上，以面对宴会厅正门的正中座位为主位，通常应请主人在此就座。

（2）右高左低。在每张餐桌上，除主位之外，其余座位位次的高低应以面对宴会厅正门时为准，右侧的位次高于左侧的位次。

（3）各桌同向。在举行大型宴会时，其他各桌的主陪之位均应与主桌主位保持同一方向。

在排定宴会的座次之后，应及时向全体应邀赴宴者通告宴会的座次，通常有下列四种常规方法：

（1）在请柬上注明每一位赴宴者所在的桌次。

（2）在宴会厅入口处附近悬挂宴会桌次示意图。

（3）在现场安排引位员，负责来宾尤其是贵宾的引导。

（4）在每张餐桌上放置桌次牌以及每一位用餐者的姓名卡，以便大家对号入座。

4. 宴会环境

安排涉外宴请的用餐环境，主要需要注意四点：一是要幽静，二是要雅致，三是要整洁，四是要卫生。

（二）以来宾的身份参加涉外宴请时需要注意的主要问题

1. 宴请的类型

（1）宴会。它是一种最正式、最隆重的宴请，可在早、中、晚举行，并以晚宴档次最高。举办宴会时，要提前发出请柬。届时，不仅宾主要发表讲话，乐队要演奏音乐，就连餐具、酒水、菜肴道数、餐厅陈设、用餐者的装束、侍者的仪态等，都要进行详尽的规定。一般情况下，宴会分为国宴、正式宴会、便宴、家宴四种具体形式。

（2）招待会。招待会是只备一些食物、饮料，而不备正餐、不排座次的一种较为自由的宴请形式。主要可以分为冷餐会、酒会、茶会、咖啡会四种。

（3）工作餐。工作餐是一种特殊的非正式宴请的形式。它的时间较短，菜肴较少，用餐者可以边吃边谈，而且可以分摊餐费。

2. 付费的方法

付费方法主要有三种：一是不必付费，二是定额付费，三是各自付费。

3. 点菜规矩

（1）告诉对方，自己完全“客随主便”。

（2）恭敬不如从命，但是，只点一道即可。

4. 用餐的餐序

（1）西餐正餐的常规菜序。一顿正规的西餐正餐，大体上应当依次包括开胃菜、汤、海鲜、主菜、甜品、水果、红茶或咖啡等几道菜式。

（2）西餐便餐的常规菜序。一顿正规的西餐便餐，大体上应当依次包括头盆（开胃菜）、汤、主菜和甜品等几道菜式。

（3）西式自助餐的常规菜序。享用自助餐时，其正规的用餐顺序依次应当为：冷菜、汤、热菜、点心、甜品和水果。

（4）酒水与菜肴的常规搭配方式。在国外，西式宴会上的主角是酒水。

5. 就餐举止十忌

（1）在用餐时口中或体内发出巨大的声响。

（2）在用餐时整理自己的衣饰，或是化妆、补妆。

（3）在用餐期间吸烟。

（4）再三劝说别人饮酒，甚至起身向别人灌酒。

（5）用自己的餐具为别人夹菜、舀汤或选取其他食物。

（6）乱挑、翻拣菜肴或其他食物。

（7）用餐具对着别人指指点点，或者敲打餐具，搞得铿锵作响。

（8）直接拿手取用不宜用手取用的菜肴或其他食物。

（9）毫无遮掩地当众剔牙。

（10）随口乱吐嘴里的不宜下咽之物。

6. 进餐的技巧

使用餐巾时，只能将它对折之后平铺在大腿上，而不可将其掖在领子上或者系在裤腰上。允许用它揩嘴或揩手，但不可用它揩拭餐具，或是揩脸。在用餐期间暂时离开一会儿时，应将餐巾放在自己所坐的椅面上，以示自己很快就回。若是将餐巾放在餐桌上，则表示自己已经吃好。

吃正餐使用刀叉时，它们往往不止一副，通常吃一道菜便要换上一副刀叉。取用刀时，可依次从自己的餐盘两侧，由外向内取。在吃菜时，左手持叉，右手握刀，切下一块，以叉送入口中。也可将菜肴全切好，然后放下右手所握的餐刀，将左手所持的餐叉换过来，统而食之。在用餐时，若有必要与别人交谈，可将刀叉呈“八”字摆在自己的餐盘里，意为尚未吃好。若不想再吃某道菜肴了，可将刀叉并排放在自己的餐盘里。

使用勺时不可将其含在嘴里，应搭放在杯、盘、碗上，或是直立、插放在杯、盘、碗之中。吃西餐时，不同的菜要用不同的勺。它们通常放在餐盘右侧，亦可依次由外侧向内侧使用。饮咖啡，切不可以用勺取咖啡而饮。

使用筷子时，以下八种用筷方式都是不妥的：

（1）半途筷。挟住菜肴又放下，再挟另一种。

（2）游动筷。在菜盘里挑拣，或者上下翻动。

（3）窥筷。手握筷子，目光在餐桌各盘碗上瞄来瞄去。

（4）碎筷。用筷捣碎菜肴。

（5）刺筷。以筷当叉，叉起菜肴往嘴里送。

（6）签筷。以筷当牙签，挑捅牙缝。

（7）泪筷。筷头上的卤汁在持筷途中像泪水一样滴淌。

（8）吮筷。用嘴吮舔筷头上的卤汁。

三、涉外交往中住的礼仪

在涉外交往中，有关住宿方面的礼仪主要包括两方面的基本内容。

（一）安排来宾的住宿

在为外国来宾安排住宿的具体过程中，一般应当注意三个方面的问题。

1. 必须充分了解外宾的生活习惯

众所周知，不同的国家有不同的风俗，每一个人也有自己独特的生活习惯。一般而论，外宾对于个人卫生大都十分重视。对于他们而言，随时可以洗热水澡的浴室、单独使用的干净清洁的卫生间，都是自己的临时居所应具备的基本条件。

2. 必须慎重选择外宾的住宿地点

通常应当安排在条件优越、设施完备的涉外饭店里住宿。在一般情况下，因公正式接待的外国来宾，不应被安排到住宿条件较涉外饭店稍逊一筹的旅馆、招待所里。选择住宿地点时，除了需要照顾外宾的个人生活习惯，尊重其特有的风俗，满足其特殊的要求之外，尚有如下几个因素应当注意：

（1）为外宾安排住宿所需的经费预算状况。

（2）拟住宿地点的实际接待能力。

（3）拟住宿地点的口碑与服务质量。

（4）拟住宿地点的周边环境。

（5）拟住宿地点的交通条件。

（6）拟住宿地点距接待方及有关工作地点的距离远近。

3. 必须热情照顾外宾的生活需要

宾至如归、体贴入微、善解人意，理当在接待人员的身上得以发扬光大。应当注意的是，对外宾的关心、照顾，应以不妨碍对方的私生活为准，应以不限制对方的个人自由为限。

（二）出访外国时自己的住宿

1. 在国外住宿饭店时的礼仪须知

（1）应当讲究礼貌。在饭店里住宿，对于自己所遇到的一切人，都应当以礼相待。在通过走廊、出入电梯、接受饭店所提供的各项服务时，要懂得礼让他人。对于为自己服务的各类饭店工作人员，要充分地予以尊重和体谅。

（2）应当保持肃静。饭店是专供住宿者休息的处所，因此，保持肃静被视为饭店的基本规矩。在饭店内部的公共场所，一定要注意降低自己说话的音量，走路轻手轻脚。即使在自己住宿的客房里，亦应当保持安静，不制造与周围环境不和谐的噪音。

（3）应当注意卫生。在饭店里住宿时，有无良好的个人卫生习惯，通常会显得十分重要。具体来讲，在卫生方面，住宿饭店时应注意的问题主要有：第一，在饭店之内，包括在本人住宿的客房之内，最好不要吸烟。在饭店内部明文规定禁止吸烟的公共场所，更要自觉遵守这项规定。第二，不要在本人住宿的客房之内开伙做饭，或是任意点火焚毁个人物品。第三，不要在本人住宿的客房内洗涤、晾晒个人衣服，尤其是不要将其悬挂在公用的走廊里，或是临街窗子之外、阳台之上。不要在本人住宿的客房内乱丢私人物品，或是将废弃之物扔到地上和窗外。

（4）应当严守规定。在国外的饭店下榻时，要对有关的规定有所了解，并严格遵守。

2. 国外的饭店尤其是高档的星级饭店的规定

（1）不允许两名已经成年的同性共居于一室之内。唯有一家之人，方可例外。

（2）不允许住客在自己住宿的客房内随意留宿其他外来之人。

（3）不提倡住客在自己住宿的客房内会晤来访的人士，特别是不提倡住客在自己的客房内会晤异性来访者。在一般情况下，饭店的前厅或咖啡厅被视为住店客人会客的理想去处。

（4）不提倡互不相识的住店客人相互登门拜访。随意去素不相识的人的住处串门，或是邀其一起进行娱乐，都是十分冒昧的。

（5）不允许住店客人身着内衣、睡裙、背心、裤衩之类的“卧室装”在饭店内部的公共场所活动。打赤膊，或是衣冠不整，同样也不允许。

（6）不允许将客房或饭店之内其他场所的公用物品随意带走，占为己有。

在住宿国外饭店时，除了遵守上述规定外，还应注意：第一，多人一同出访时，切勿分散住宿。最好是不仅住在同一家饭店之内，而且尽量住在同一楼层。这样大家可以互相关照，也有利于集体行动。第二，要尽量多了解一些国外饭店的特殊规矩。

3. 在外国人家里住宿时的基本礼仪

（1）应当两厢情愿。在国外直接住宿在外国人的家里，一般在私人出访时才会这么做。因公出访时，通常不允许这么做。在外国人家里住宿时，住宿者与房东之间，往往不是私交就是租赁关系。在这两种情况下，最重要的是双方要完全情愿，并且最好有约在先。由于外国人强调个人隐私，忌讳他人妨碍自己的私生活，因而不大喜欢让外人在自己家里留宿。如若外国朋友没有主动提议，则最好不要自己首先提出来，甚至赖着不走。当然，即使对方盛情相邀，自己不愿意的话，也不必勉强。

（2）应当支付费用。一般来说，不论是在什么状况下在外国朋友家里住宿，均应自觉地支付一定数额的费用。与房东之间若是存在租赁关系，履约付费更是理所应当的。即使与房东是关系密切的私交，亦应支付一定的费用，如果住宿时间较长的话，则更加应当注意。哪怕是房东不要自己付房租，平日自己所用的电视费、电话费、传真费等，还是应当自掏腰包。

（3）应当好自为之。在外国人家里住宿，不管时间是长是短，不管本人与房东是熟人还是以前素昧平生，均应注意自己的表现，处处好自为之，不要由于自己的不自觉而制造矛盾，惹是生非，更不要因为自己的行为不慎而招致非议。在这个方面，最重要的是要注意以下三点：第一，要遵守约定。第二，要尊重房东。第三，要爱惜物品。

四、涉外交往中行的礼仪

与外国人进行交往应酬时，不能不涉及有关行的礼仪。目前，在涉外场合，有关行的礼仪具体上可以分为步行的礼仪、乘车的礼仪、乘机的礼仪三个主要方面。

（一）涉外人员要遵守步行的礼仪

有关步行的礼仪是行的礼仪的核心内容。具体而言，它涉及行走之时的各个环节。就重点而论，涉外人员特别应当关注下述几点。

1. 要注意步行的方位

在涉外交往中，需要注意的步行方位问题主要包括两个方面：

（1）与交通规则有关的方位问题。

在任何国家，每个人都有遵守交通规则的义务。遵守交通规则，首先就必须对其有一定程度的了解。在世界各国，与步行方位有关的交通规则主要有两类。一类是具有普遍性的交通规则。它们在世界各国广为通行，并无二致。例如，横穿马路时，必须依照规定，要走过街天桥、地下通道、人行横道，不允许随意穿行马路，或是跨越栏杆。在通过人行横道时，要注意交通指示灯，并且严格遵守“红灯停、绿灯行”的惯例。在街道上行走时，一定要走人行道。在机动车道上走来走去，是违规的行为。另一类则是具有特殊性的交通规则。它们往往适用于某些国家，而在另外一些国家则不一定适用。例如，就行进方向而言，目前世界上存在两种模式。一种是“英式”，以英国为代表，行进时要居左而行。另一种称为“美式”，以美国为代表，行进时要居右而行。再者，有的国家往往会划出一些道路作为专用通道，如仅供盲人使用的“盲道”。还有一些国家，则对外国人划出了一些禁区，禁区是不可擅闯乱行的。

（2）与礼仪惯例有关的方位问题。

与他人同时行进时，居前还是居后，居左还是居右，是同礼仪直接相关的。在一般情况下，尤其是在人多之处，往往需要单行行进。通常讲究的是“以前为尊，以后为卑”。在前面行走的人，位次高于在后面行走的人。因此，一般应当请客人、女士、尊长、职位较高者行走在前，主人、男士、晚辈与职位较低者则应随后而行。不过有两点请注意：一是行进时应自觉走在道路的内侧，以便于他人通过。二是在客人、女士、尊长、职位较高者对行进方向不了解或是道路较为坎坷时，主人、男士、晚辈与职位较低者则须主动上前带路或开路。倘若道路状况允许两人或两个以上并排行走时，一般讲究“以内为尊，以外为卑”。倘若当时所经过的道路并无明显内侧、外侧之分，则可采取“以右为尊”的国际惯例。当三个人一起并排行进时，有时亦可以居于中间的位置为尊贵之位。以前进方向为准，并行的三个人的具体位次，由尊而卑依次应为：居中者，居右者，居左者。

2. 要避免步行时的禁忌

（1）忌行走之时与他人相距过近，尤其是避免与对方发生身体碰撞。万一发生，务必要及时向对方道歉。

（2）忌行走之时尾随于其他人身后，甚至对其窥视、围观或指指点点。在不少国家，此举会被视为侵犯人权，或是人身侮辱。

（3）忌行走之时速度过快或者过慢，以至于对周围的人造成一定的不良影响。

（4）忌在私人居所附近进行观望，甚至擅自进入私宅或私有的草坪、森林、花园。此举在一些国家被定为违法之举。

（5）忌边行走，边连吃带喝，或是吸烟不止。那样不仅对自身不宜，而且还会有碍于人。

（6）忌与早已成年的同性在行走时勾肩搭背、搂搂抱抱。在西方国家，只有同性恋者才会这么做。

（二）涉外人员要遵守乘车的礼仪

有关乘车的礼仪，主要包括乘车时的座次与礼待他人两个方面的内容。乘坐轿车与乘坐公共汽车、火车、地铁时的座次，各有不同的讲究。而轿车的类型不同，乘车时座次的排列也大为不同。

1. 乘车的座次问题

（1）乘坐吉普车。前排驾驶员身旁的副驾驶座为上座。车上其他的座次，由尊而卑，依次应为：后排右座，后排左座。乘坐四排座或四排座以上的中型或大型轿车时，通常应以距离前门的远近来确定座次。离前门越近，座次越高；而在各排座位之上，则又讲究“右高左低”。简单地讲，可以归纳为：由前而后，自右而左。

（2）乘坐双排座或三排座轿车。座次的具体排列，则又因驾驶员的身份不同，而具体分为下述两种情况。

第一种情况：由所乘轿车的车主亲自驾驶轿车。在这种情况下，双排五座轿车上其他四个座位的座次，由尊而卑依次应为：副驾驶座，后排右座，后排左座，后排中座（如图 5—4 所示）。三排七座轿车上其他六个座位的座次，由尊而卑依次应为：副驾驶座，中排右座，中排中座，中排左座，后排右座，后排中座，后排左座（如图 5—5 所示）。当主人亲自驾车时，若一个人乘车，则必须坐在副驾驶座上；若多人乘车，必须推举一个人在副驾驶座上就座，不然就是对主人的失敬。

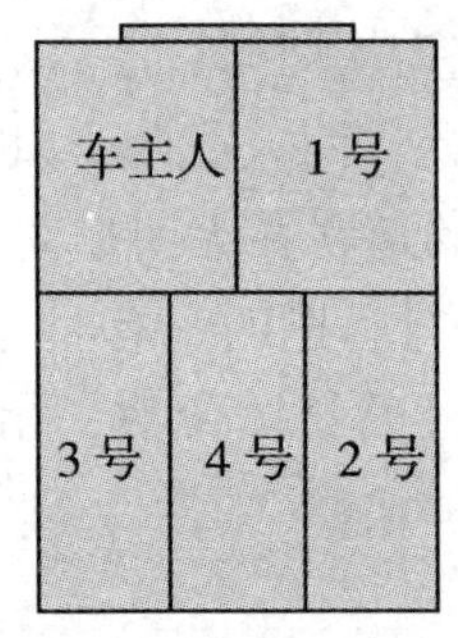

图 5—4　车主驾车时，双排五座轿车的座次

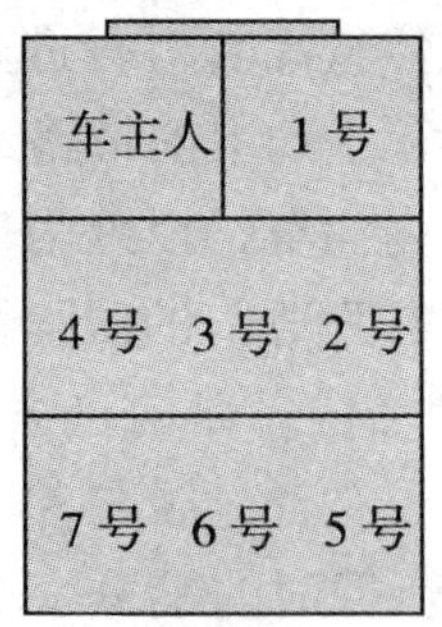

图 5—5　车主驾车时，三排七座轿车的座次

第二种情况：由专职司机驾驶轿车。在这种情况下，双排五座轿车上其他四个座位的座次，由尊而卑依次应为：后排右座，后排左座，后排中座，副驾驶座（如图 5—6 所示）。三排七座轿车上其他六个座位的座次，由尊而卑依次应为：后排右座，后排左座，后排中座，中排右座，中排左座，副驾驶座（如图 5—7 所示）。三排九座轿车上其他八个座位的座次，由尊而卑依次应为（假定驾驶座居左）：中排右座，中排中座，中排左座，后排右座，后排中座，后排左座，前排右座，前排中座（如图 5—8 所示）。

图 5—6　专职司机驾车时，双排五座轿车的座次

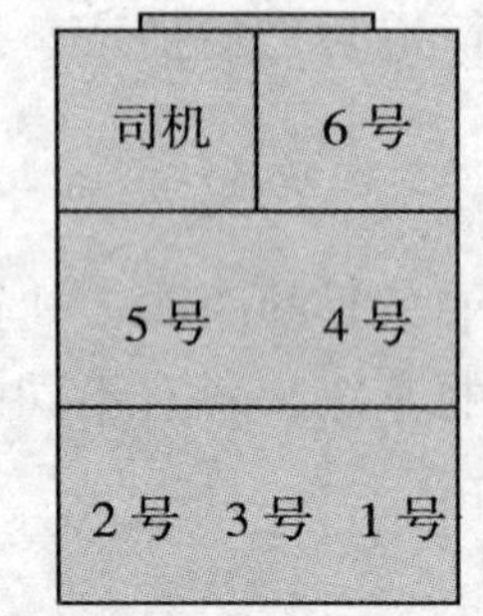

图 5—7　专职司机驾车时，三排七座轿车的座次

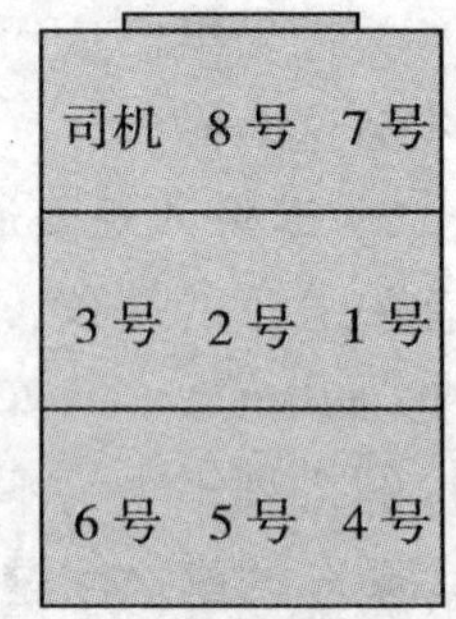

图 5—8　专职司机驾车时，三排九座轿车的座次

根据常识，轿车的前排特别是副驾驶座，是车上最不安全的座位。因此，在社交场合，该座位不宜请妇女或儿童就座。而在公务活动中，副驾驶座特别是双排五座轿车上的副驾驶座，则被称为“随员座”，循例专供秘书、翻译、警卫、陪同等随从人员就座。

乘坐公共汽车、火车或地铁的基本规矩是，临窗的座位为上座，临近通道的座位为下座；与车辆行驶方向相同的座位为上座，与车辆行驶方向相反的座位为下座。在有些车辆上，乘客的座位分列于车厢两侧而使乘客对面而坐，应以面对车门一侧的座位为上座，背对车门一侧的座位为下座。

2. 乘车时应以礼待人

（1）上下车的先后顺序。乘坐轿车时，按照惯例应当请位尊者首先上车，最后下车；位卑者则应当最后上车，最先下车。在轿车抵达目的地时，若有专人恭候在此，并负责拉开轿车的车门，则位尊者亦可率先下车。乘坐公共汽车、火车或地铁时，通常由位卑者先上车、先下车。其目的是为了便于位卑者寻找座位，照顾位尊者。

（2）就座时应相互谦让。在相互谦让座位时，除对位尊者要给予特殊礼遇之外，对待同行之人中的地位身份相同者，也要以礼相让。倘若座位有尊有卑，座位所处的具体位置有好有坏，或者座位不够时，应当请妇女、儿童、老年人、残疾人或身体欠佳者优先就座。即便对方不认识自己，在必要的时候，也应当自觉地让座于人。在让座时，应当表现得大大方方、光明磊落，不要虚情假意。倘若对方让座于自己，不论是否认识，均须立即向对方致谢。

（3）乘车时的律己敬人。在乘坐车辆时，必须自觉地讲究社会公德，遵守公共秩序。对于自己，处处严格要求；对于他人，时时友好相待。具体而言，律己要求：在乘坐车辆时，切勿携带违禁物品；上下车时，与乘客要相互礼让，排队依次而行；乘车期间，不要多占座位，或在不属于自己的座位上就座；在放置私人物品时，应当不对他人构成影响；在车上切勿当众更衣、脱鞋、吸烟、吐痰；不要乱扔废弃之物；不要让小孩子随地大小便，或骚扰其他人；不要在车上吃气味刺鼻的食品。敬人要求：上下车时，如需别人让道，应当先说一声“对不起，请让一下”，之后，还须说一声“谢谢”；万一碰撞、踩踏了别人，要立即向对方道歉；寻找座位时，如打算坐在他人身旁，应当先问一下对方“这里有没有人”，或是“可以坐在这里吗”；在放置私人物品时，如有必要挪动他人之物，要首先征得对方的同意；在自己的座位上就座后，应主动向周围不认识的人问好，当别人这样做时，应当予以回应；对于车内专职的服务人员，既要尊重，又不宜要求过高。

（三）涉外人员应遵守乘机的礼仪

在所有正规的交通工具中，飞机最为舒适，档次也最高。在乘坐飞机时，必须认真遵守乘机礼仪。具体来讲，主要应当在维护乘机安全、从严要求自己等方面多加注意。

1. 上机时不得违规携带有碍飞行安全的物品

通常规定，任何乘客均不得携带枪支、弹药、刀具及其他武器，不得携带一切易燃、易爆、剧毒、放射性物质等危险物品。

2. 登机时应当认真配合例行的安全检查

在进行安全检查时，每位乘客都要通过安全门，随身携带的行李则需要通过监测器。如有必要，对乘客或行李使用探测仪进行检查，或手工检查。乘客不应当拒绝合作，或无端进行指责。

3. 飞行时务必遵守有关安全乘机的各项规定

飞机飞行期间，一定要熟知并遵守有关安全乘机的各项规定。当起飞或降落时，一定要自觉系好自己的安全带，收起自己面前的小桌板，同时将自己的座椅调直。当飞机受到高空气流的影响而发生颠簸、抖动时，也要将安全带系好，切勿自行站立、走动。

4. 乘机时需要对安全设备有一定程度的了解

在飞机起飞前，由客舱乘务员（或通过播放电视录像片）向全体乘客介绍氧气面罩、救生衣的位置及正确的使用方法，以及机上紧急出口所在的位置及疏散、撤离飞机的办法。对此一定要认真听讲，并且牢记在心。切勿乱摸、乱动机上的安全用品。偷拿安全用品或私开安全门，不仅有可能犯法，而且还有可能危及自己和其他乘客的生命安全。在从严要求自己方面，应当注意处处以礼律己，处处以礼待人，时刻表现得彬彬有礼。上下飞机时，要注意依次而行；在机上放置自己随身携带的行李时，与其他乘客要互谅互让；在自己的座位上就座时，要维护自尊，不要当众脱衣、脱鞋，尤其是不要把腿、脚乱伸放；休息时，不要使身体触及他人，或是将座椅调得过低，从而有碍于人；与他人交谈时，说笑声切勿过高；不要在机上吸烟，或者乱吐东西；呕吐时，务必要使用专用的清洁袋；对待客舱服务员和机场工作人员，要表示理解与尊重，不要蓄意滋事，或向其提出过高要求；跟身边的乘客可以打招呼，或是稍作交谈，但应不影响到对方的休息；不要盯视、窥视素不相识的乘客，也不要与其谈论令人不安的话题，如劫机、撞机、坠机事件。

五、涉外交往中访的礼仪

有关拜访的涉外礼仪大体上包括两部分，即从宏观上进行规范的出访要则和从微观上进行规范的走访须知。

（一）出访要则

所谓出访要则，主要是指正式出国访问时，特别是在进行具体的准备工作时，所应遵守的惯例和规定。进行出国访问时，通常必须做好下列八项工作。

1. 确定出访国与出访日期

在国际交往中，重要的出访活动，按惯例须由有关双方通过外交渠道商定。一般性的出访，则既可以通过外交渠道联系，也可以由有关单位直接进行联系、商定。至于出访的具体日期与天数，通常应由访问方提出，并在与东道主协商后确定。一般情况下，出访的具体日期，最好避开东道主一方重要的节假日及重要的活动时间。

2. 经过报批并通报给东道主

目前在我国，凡正式因公组团出国访问，必须依照有关方面的规定，报请上级主管部门审核、批准。

在正式出访之前，需要以传真或电子函件的形式将我方的出访通报给东道主。其内容应当包括访问的性质与目的、访问的日期与停留的天数、抵离目的地的航班或车次、全部出访者的名单。按照国际惯例，出访者的正式名单必须按礼宾序列进行排定。

3. 办妥护照与签证

护照是一国公民出入本国国境和在境外进行旅行时，必须持有的国籍证明和合法身份证件。目前，我国护照分为外交护照、公务护照、普通护照三种，对其使用对象与发照单位均有严格的规定。在领取护照后，要认真查验是否有误。在使用期间要注意有效期，并严防丢失。

签证是指一个主权国家的主管部门为同意持有合法护照的外国人出入或经过本国领土而正式颁发的签注式证明。当前，世界各国的签证主要分为礼遇签证、外交签证、公务签证、普通签证四种。有些国家之间，根据外交协定，还可按照护照的不同种类而免于办理签证。除互免签证的国家之外，出国访问者在办理护照后，只有获得了前往国的签证，方可成行。在办理签证时，要提交必要的文件、资料，必要时，还须交纳一定数额的签证费。

4. 制定具体而详尽的访问日程

访问日程应由宾主双方经过协商之后，由东道主根据来访者的意愿制定。其内容大致应当包括举行迎送仪式，安排宴会，进行会见、会谈，出席签字仪式，外出观光浏览，召开记者招待会，举办晚会，会见东道国领导人或各界贤达等。在一般情况下，出访之前，出访者可就某些重要的访问日程提出自己的建议或要求。

5. 确定出访时乘坐的交通工具

在国际交往中，出访时来回乘坐的交通工具均应由出访者自行负责解决。在选择交通工具时，要以安全、省时、经济为要旨，并且选择合理而方便的时间、地点与路线。在一般情况下，要尽量避免在晚间特别是后半夜抵达目的地，并且尽可能减少过界停留的次数，以乘坐直达目的地的交通工具为佳。

6. 准备必要的卫生检疫证明

目前，为严防疾病的侵害，多数国家都对入境本国的人员实施鼠疫、霍乱、黄热病、艾滋病等恶性传染病的卫生检疫。出访人员在出国之前，除按规定注射疫苗、携带预防药品之外，还应办理《健康证明书》、《预防接种证明书》、《艾滋病检验证明书》，并随身携带，以备入境他国时查验之用。

7. 认真做好安全保密工作

通常，出访期间，特别是重要代表团出访期间，安全、保卫方面的事项均由东道国方面全权负责。出访者则须对东道国有关人员予以协助、配合。尽管如此，每一位出访者对于自己和其他同行人员的人身安全问题，还是不可掉以轻心。在国外期间，尽量不要单独行动，尤其是不要前往不安全区域或是在夜晚外出活动。在出访期间，应对保密问题给予高度重视，严防泄密。出访时，不准私自携带涉密的文件、资料以及一切与此相关的笔记、图表、录音、录像、软件。确有必要携带时，应经本单位或上级有关领导批准，并妥为保管。在一切可能泄密的场所，切勿阅读涉密文件，或谈论涉密事宜。在使用公用通讯工具时，亦应注意此点，严防他人窃密。

8. 充分了解出访国的风土人情

在出国访问之前，应集中一段时间，专门系统而认真地学习有关出访国的国情、习俗等方面的知识。此外，还须进行必要的外事纪律和对外政策的教育。

（二）走访须知

在走访外国人时，需要严格遵守的礼仪规范主要涉及以下六条。

1. 有约在先

拜访外国人时，切勿未经约定便不邀而至。尽量避免前往其私人居所进行拜访。约定的时间通常应避开节日、假日、用餐时间、过早或过晚的时间及其他一切对对方来说不方便的时间。

2. 守时践约

这不只是为了讲究个人信用，提高办事效率，也是对交往对象尊重友好的表现。万一因故不能准时抵达，务必及时通知对方，必要的话，还可将拜访另行改期。在这种情况下，一定要记住向对方郑重道歉。

3. 进行通报

进行拜访时，倘若抵达约定的地方后，未与拜访对象直接见面，或是对方没有派人员迎候，则在进入正门之前，有必要先向对方进行一下通报。

4. 登门有礼

切忌不拘小节、失礼失仪。当主人开门迎客时，务必主动向对方问好，互行见面礼节。倘若主人一方不止一人，则对对方的问候与行礼在先后顺序上要合乎礼仪惯例。标准的做法有二：其一，先尊后卑；其二，由近而远。在此之后，在主人的引导下，进入指定房间，切勿擅自闯入；在就座之时，要与主人同时入座。倘若自己到达后，主人这处尚有其他客人在座，应当先问一下主人，自己的到来会不会影响对方。

5. 举止有方

在拜访外国友人时要注意自尊自爱，并且时刻以礼待人。与主人或其家人进行交谈时，要慎择话题。切勿信口开河、出言无忌。与异性交谈时，要讲究分寸。对在主人家里遇到的其他客人要表示尊重，友好相待，不要冷落对方，置之不理。若遇到其他客人较多，既要以礼相待，也要一视同仁，切勿明显地表现出厚此薄彼，同时不可本末倒置地将主人抛在一旁。在主人家里，不要随意脱衣、脱鞋、脱袜，动作不可嚣张而放肆。未经主人允许，不要在主人家中四处乱闯，随意乱翻、乱动、乱拿主人家中的物品。

6. 适可而止

在拜访他人时，一定要注意停留时间的长度。从总体上讲，应当具有良好的时间观念。不要因为自己停留的时间过长，打乱对方既定的日程计划。在一般情况下，礼节性的拜访，尤其是初次登门拜访，应控制在一刻钟至半小时。最长的拜访，通常也不宜超过两个小时。有些重要的拜访，往往需由宾主双方提前议定拜访的时间和长度。在这种情况下，务必严守约定，绝不单方面延长拜访时间。自己提出告辞时，虽主人表示挽留，仍须执意离去，但要向对方道谢，并请主人留步，不必远送。在拜访期间，若遇到其他重要的客人来访，或主人一方表现出厌客之意，应当机立断，知趣地告退。

六、涉外交往中的赠送礼仪

在涉外交往中，往往会遇到对方以礼相赠的情况。在许多场合，礼尚往来也是十分必要的。在涉外交往中，赠送给外国友人的礼品，意在表达我方对对方的尊敬友好之意。赠送礼品的礼仪主要包含礼品的挑选、馈赠的方法、礼品的接受三个方面的内容。

（一）礼品的挑选

1. 礼品挑选的四项基本原则

（1）突出礼品的纪念性。

（2）体现礼品的民族性。

（3）明确礼品的针对性。

（4）重视礼品的差异性。

2. 择礼六忌

向外国人赠送礼品，是绝对不能有悖对方的风俗习惯的。要解决好这一问题，就要了解受礼人所在国的风俗习惯，在挑选礼品时，主动回避对方有可能存在的下述六个方面的禁忌：礼品品种、礼品色彩、礼品图案、礼品形状、礼品数目、礼品包装。这六个方面的禁忌，有时亦被称为“择礼六忌”。

3. 涉外交往八不送

为外国友人挑选礼品时，除了应当严守四项基本原则之外，还应当了解下列八类物品一般不宜被选为送给外国人的礼品，亦可称之为“涉外交往八不送”。

（1）一定数额的现金、有价证券。

（2）天然珠宝与贵金属首饰。

（3）药品与营养品。在国外，身体健康状况属个人隐私，因此，将药品与营养品赠送给外国人，通常是不受欢迎的。

（4）广告性、宣传性物品。

（5）易于引起异性误会的物品。

（6）受礼人忌讳的物品。具体指触犯受礼人宗教禁忌、民族禁忌、个人禁忌等的物品。

（7）涉及国家机密或商业秘密的物品。

（8）不道德的物品。

（二）馈赠的方法

根据礼仪惯例，注意涉外交往中馈赠的方法，具体指礼品的包装、送礼的时机、送礼的途径三个方面。

1. 重视礼品的包装

送给外国友人的礼品，一定要事先进行精心的包装。对包装所用的一切材料，都要尽量择优而用。与此同时，送给外国人的礼品外包装，在色彩、图案、形状、缎带结法等方面，都要考虑到受礼人的禁忌。

2. 把握送礼的时机

依照国际惯例，把握送礼最佳时机，最重要的是要对具体情况进行具体分析。

（1）在会见或会谈时，如果准备向主人赠送礼品，一般应当选择在起身告辞时。

（2）向交往对象道喜、道贺时，如果向对方赠送礼品，通常应当在双方见面之初相赠。

（3）出席宴会时，如果向主人赠送礼品，可在起身起行时进行，也可选择餐后吃水果时。

（4）观看文艺演出时，可酌情为主要演员预备一些礼品，并且在演出结束后登台祝贺时当面赠送一些礼品。

（5）游览观光时，如果参观单位向自己赠送了礼品，最好在当时向对方适当地回赠一些礼品。

（6）为专门的接待人员、工作人员准备的礼品，一般应当在抵达当地后尽早赠送给对方。

（7）作为东道主接待外国来宾时，如欲赠送一些礼品，可在来宾向自己赠送礼品之后进行回赠；也可以在来宾临行的前一天，在前往其下榻之处进行探访时相赠。

3. 送礼的途径

送给外国人礼品的途径主要有两种：一种是当面亲自赠送；另一种是委托他人转送，转送时应附上一张送礼人的名片。

（三）礼品的接受

1. 欣然接受

接受礼品时，应当起身站立，面带笑容，以双手接过礼品，然后双方握手，并且郑重地向对方道谢。切勿用左手去接礼品。

2. 启封赞赏

在国际社会，特别是在许多西方国家里，接受礼品时通常习惯于当着送礼人的面，立即拆启礼品的包装，然后认真地对礼品进行欣赏，并且对礼品适当地赞赏几句。

3. 拒绝有方

一般而言，外国人赠送的以下五类物品不宜接受：违法、违禁物品；有辱我方国格、人格的物品；有可能使双方产生误会的物品；价格过于昂贵的物品；一定数额的现金、有价证券。

如果不能接受对方赠送的礼品，应当即向对方说明原因，并且将礼品当场退还。可能的话，最好不要在外人面前这么做。若对方并无恶意，在退还或拒绝礼品时，还须向对方表示感谢。

4. 事后再谢

接受对方人员赠送的礼品后，尤其接受了对方所赠送的较为贵重的礼品后，最好在一周之内写信或打电话给对方，向对方正式致谢。

七、涉外礼仪中的小费礼仪

所谓小费，是指消费者在享受服务人员为自己提供的服务时，所额外付给服务人员的金钱。在国外，付给服务人员小费，不仅是对对方热情、周到服务的一种肯定，也是获得对方迅速服务的一种手段。

据说小费最初出现于18世纪的英国。当时，在饭店的餐桌上摆有一只标有“保证迅速服务”的小碗。顾客一旦将零钱投入其中，便会得到侍者迅速而周到的服务。此后，此种做法渐渐扩展到其他服务行业，并得以延续下来，成为世界上许多国家约定俗成的感谢服务人员周到服务的一种常规形式。

要想不失礼地付给小费，主要应当对其给付场合、给付方式、给付金额的有关事宜了解清楚。

（一）应当明确给付小费的场合

给付小费的问题之一，是什么时候应当向服务人员给付小费。具体而言，给付小费最为常见的场合主要有以下几种。

1. 住宿酒店

出国访问，不能不住酒店。下榻酒店时，小费通常不可或缺。住宿酒店时，对下述人员往往必须付给小费：

（1）门童。当门童为客人叫出租车或者为其开车门、大门时，一般应付小费。

（2）行李员。行李员为客人搬运行李之后，通常应付给其小费。

（3）送餐者。有些客人惯于在客房内用餐，为此必须付给送餐者小费。

（4）客房服务员。客房服务员每天需要定时打扫、整理客房，因此应付小费。

2. 餐馆用餐

需给付小费的人员有领位员、侍者、乐手、卫生间保洁员。

3. 美容美发

需给付小费的人员有美容师、发型师、泊车者。

4. 乘坐出租车

需给付小费的人员有出租车司机。

5. 观看影剧

需给付小费的人员有衣帽厅侍者、节目单发放者、剧场领位员。

6. 旅游观光

需给付小费的人员有导游员、驾驶员。

（二）应当区分给付的方式

在不同国家、不同行业里，往往流行着不同的小费给付方式。对此如果缺乏了解，或者自己采取的给付小费的方式不到位，就会直接破坏给付小费的效果。当前，国外流行的给付小费的具体方式主要有下述几种。

1. 列入账单

在宾馆住宿、餐厅就餐时，所应支付的小费通常会明码实价地列入账单之中。除宾馆、餐厅之外，此种给付小费的方式并不多见。

2. 不取找零

在一些地方，人们习惯在结算账目时只取回大额整款，而将小额零钱充当小费。有时，全部找回的金额亦可充当小费。

3. 多付现金

有人在结账前，明明早已知道具体的消费金额，可是偏偏还要多付一些现金。其目的就在于告知服务人员此乃付给对方的小费。

4. 私下给付

在有些地方，人们惯于私下给付小费。具体做法通常是由消费者悄悄把一定数额的小费塞到服务人员的手中，而不是在众目睽睽之下给付。

5. 由其自取

在国外，人们有时会将付给服务人员的小费置于某一约定俗成之处，如宾馆的床头、餐厅的茶盘或酒杯之下，由服务人员自己取回。

（三）应当了解给付的金额

1. 按比例付费

住宿酒店时，账单通常明确标有需要收取消费者消费总额的 10%~15% 作为小费。在餐馆就餐时，消费者大约需要按自己消费总额的 5%~20% 付给服务人员小费；付给领班的小费，应为消费总额的 5% 左右。在酒吧休闲时，付给侍者与管酒人的小费应各为自己消费总额的 15%。美容美发时，消费者往往需要按本人消费总额的 10%~20% 付给小费。

2. 按定额付费

住宿宾馆时，付给门童的小费，应在 1 美元左右；付给客房服务员的小费，应为 1 美元 ~2 美元。在机场、港口、火车站，请行李员替自己搬运行李时，一般应当按自己所带行李的具体件数给付小费，一件行李大体应当给付 0.5 美元 ~1 美元。在卫生间方便之后，付给保洁人员的小费，应为 0.5 美元左右。

总之，给付服务人员小费时，要尊重对方、要悄然给付、要掌握时机、要按质付费、要有所区别。

【行为训练】

1. 到酒店实习，训练涉外宴请时的座次安排。
2. 训练吃西餐时的就餐技巧。
3. 模拟训练乘坐各种类型轿车的座次礼仪。

【阅读与思考】

1. 在涉外交往活动中，衣着搭配的“三一定律”和“三色原则”分别是什么？
2.“涉外交往八不送”指的是什么？

3. 吃西餐正餐的常规菜序是怎样的？

4. 为外宾安排住宿时应注意哪些事项？

5. 目前在国外，向服务人员付小费这一现象已普遍存在。谈谈你对这种现象的看法。你认为在涉外活动中，向服务人员付小费应当注意什么？

【学习评价】

学习涉外交往常识时要不断学习、不断积累，这样才能在不同交往过程中得心应手地处理各种问题。在交往中的各种表现直接、准确地反映出每个人的品德与修养，所以我们要关注每个细节，如衣、食、住、行、访、赠及小费等各方面。

【结束语】

涉外交往常识涉及面广泛，它是每一个对外交往人员日常生活中所必须严格遵守的礼仪规范，每位涉外人员均应自觉做到。

第三节　部分国家的习俗与禁忌

案例导入

迟迟不肯就座的法国人

时值隆冬，北京街头已是银装素裹，大风呼啸，行人甚是稀少。可是，在市中心外的某大酒店里却张灯结彩，充满热闹景象。今晚，这儿有一个盛大宴会，各国在京的大商人汇聚一堂，听取某公司总经理关于寻找合作伙伴的讲话。会后，客人被请到了大宴会厅。每张桌上都放着一盆大绣球似的黄澄澄的菊花插花，远远望去，甚是可爱。客人按指定的座位一一坐定，原先拥堵的入口处在礼仪小姐来回穿梭的引领下，很快恢复了正常。客人们开始了新一轮的谈话。礼仪小姐发觉，左边有几张桌子前仍有数名客人站着，不知是找不到指定座位还是有别的原因，于是她走上前去了解。原来，那些客人都是法国人。由于她不懂法语，只得把翻译请来，交谈后获知，法国人认为黄菊花是不吉利的，因此不肯入座。礼仪小姐赶紧取走插花，换上红玫瑰花束，客人脸色顿时转愁为喜，乐滋滋地坐下了，礼仪小姐再三请翻译转达真切的歉意。

【评析与思考】

法国人禁忌黄色，认为是不忠诚的意思。菊花在西方国家是纪念死者所用的花卉，所以在社交场合运用黄菊花是极其不合适的。相反，法国的国花是玫瑰花，并且法国人大都喜爱蓝色、白色、红色。所以当我方人员换上红玫瑰后法国人便非常高兴。这个事例说明，我方的涉外人员在对外交往时，须认真了解其他国家的习俗及禁忌，尽量满足外国人员的心理需求，尊重他们的习俗与禁忌，以便更好地促进社交活动。

一、亚洲部分国家的习俗与禁忌

（一）韩国

韩国是我国的近邻，与我国山东半岛隔海相望。自 1992 年中韩两国正式建交以来，韩国对华贸易增长迅猛，已发展成为我国重要的贸易伙伴。韩国人以勤劳勇敢著称于世，性格刚强，有强烈的民族自尊心，同时又能歌善舞、热情好客。与之相处，必须尊重他们的礼俗习惯。

1. 宗教信仰

韩国 50% 左右的人口信奉基督教、佛教等宗教。

2. 主要节庆

（1）元旦（1 月 1 日）。

（2）独立运动纪念日（3 月 1 日）。

（3）光复节（8 月 15 日）。

（4）显忠日（6 月 6 日）。

（5）佛诞日。

（6）中秋节。

（7）制宪节（7 月 17 日）。

（8）圣诞节（12 月 25 日）。

3. 饮食习惯

（1）韩国人以米饭为主食，早餐也习惯吃米饭，不喝稀饭。

（2）韩国人爱吃辣椒、泡菜，烧烤中要加辣椒、胡椒、大蒜等辛辣的调味品。

（3）汤是每餐必不可少的。有时汤中要放猪肉、牛肉、狗肉、鸡肉烧煮，有时也简单地倒些酱油，加点豆芽即成。韩国人最爱吃的是“炳汤”，这是用辣椒酱配以豆腐、鱼片、泡菜或其他肉类和蔬菜加水煮制的。

（4）爱吃加醋调成的生拌凉菜，但不喜爱吃甜酸的热炒菜。

4. 礼貌礼节

（1）晚辈对长辈、下级对上级规矩严格，须表示特别的尊重。若与长辈握手，还要以左手轻置于其右手之上，躬身相握，以示恭敬。与长辈同坐，要保持姿势端正，绝不能懒散。抽烟须征得在场的长辈的同意。用餐时，不可先于长者动筷。

（2）男子见面，可打招呼，相互行鞠躬礼并握手；但女性与人见面，通常不与他人握手，只行鞠躬礼。

（3）韩国人一般不轻易流露自己的感情，在公共场所不大声说笑，颇为稳重有礼。尤其妇女在笑时，还用手帕捂住嘴，防止出声失礼。

（4）在韩国，妇女十分尊重男子。双方见面时，总是女性先向男子行鞠躬礼，致意问候。男女同坐时，一般男子位于上座，女子居于下座。

（5）当众多人相聚时，往往根据身份高低和年龄大小依次排定座位，地位高、年长的优先在前。

5. 禁忌

韩国人忌讳数字“4”。因为“4”在朝鲜语中的发音与“死”相同，是不吉利的数字。所以在韩国，楼房没有 4 号楼，旅馆不设第 4 层，宴会中没有第 4 桌等。

（二）日本

日本是我国一衣带水的邻邦，与我国交往频繁。了解和尊重日本人的礼俗习惯，能为与其更好地交流打好基础。

1. 宗教信仰

日本人大多信奉神道教和佛教，信仰人口分别占宗教人口的 49.6% 和 44.8%。

2. 主要节庆

（1）天皇生日（12 月 23 日）。

（2）建国纪念日（2 月 11 日）。

（3）樱花节，这个节日是从每年 3 月 15 日到 4 月 15 日。

3. 饮食习惯

（1）爱吃和食。这是日本人祖祖辈辈传下来的独特饮食方式。这种料理中最典型的食物有沙西米（生鱼片）、司盖阿盖（类似我国的火锅）、寿司（日本式饭团，一种冷盘菜）和日本面条等。

（2）日本人早餐喜欢喝稀饭，受外来影响也喝牛奶、吃面包。午餐、晚餐一般吃米饭，副食以鱼类和蔬菜为主。

（3）日本人爱吃鱼，并且吃法很多，如蒸、烤、煎、炸等，鱼丸汤也是他们所喜爱的。吃鱼片时要配辣味以解腥杀菌。日本人还爱吃面酱、酱菜、紫菜、酸菜等。吃凉菜时，他们喜欢在凉菜上撒上少许芝麻、紫菜末、生姜丝等，起调味和点缀的作用。

（4）日本人偏爱我国的广东菜、北京菜、淮扬菜以及带辣味的四川菜，也吃西餐。

（5）日本人吃菜喜清淡，忌油腻，爱吃牛肉、鸡蛋、清水大蟹、海带、精猪肉和豆腐等，但不喜欢吃羊肉和猪内脏。

（6）日本人喜欢喝酒，日本清酒、英国威士忌、法国白兰地和中国茅台等名酒都爱喝。

（7）日本人吃水果偏爱瓜类，如西瓜、哈密瓜、白兰瓜等。

4. 礼貌礼节

（1）日本人善用礼貌用语。在待人接物上谦恭有礼，说话常用自谦语。特别是妇女，在与人交谈时总是语气柔和、面带微笑、躬身相待。

（2）等级观念很重，上、下级之间以及长辈、晚辈之间界限分得很清。

（3）现在日本人外出大多穿西服，但在隆重的社交场合或节庆时会穿和服出席。

（4）与人见面时行鞠躬礼。只有见到朋友才握手，有时还拥抱。男子对女宾客，只有在她们主动伸手时才握手，而且时间不太长，也不过分用力。

（5）不给他人敬烟。自己若想吸烟时，通常是在征得对方同意后才行事。

（6）以“和敬清寂”为精神的茶道，是款待远道而来的尊贵宾客的最高礼遇。以酒待客时，应由主人或侍者代为斟酒为妥。通常，接受第一杯酒而不接受第二杯不为失礼。客人若善饮，杯杯都喝光，主人会高兴并鼓励多喝，但主人和其他客人并不陪饮。一人不喝时，不可立刻把酒杯向下扣放，而应等大家喝完才能一齐扣放，否则会被视为不礼貌。

（7）在日本，初次见面时互递名片已是一种日常礼节。通常先由主人或身份较低者、年轻人向客人或身份高者、年长者递送上自己的名片。错把别人的名片递送给对方是严重的失礼行为。

5. 禁忌

（1）忌讳绿色，认为绿色不祥。

（2）忌荷花图案。

（3）忌“9”、“4”等数字。因为“9”在日语中的发音和“苦”相同，而“4”的发音和“死”相同。

（4）日本商人忌2月和8月。因为在日本，这两个月是营业淡季。

（5）忌三人合影。因为三人合影，中间人被夹着，日本人认为这是不幸的预兆。

（6）忌金色眼睛的猫。因为日本人认为看到这种猫的人要倒霉。

（7）日本妇女忌问其私事。

（8）慎用“先生”作为称呼。在日本“先生”一词只限用于称呼教师、医生、年长者、上级或有特殊贡献的人，对一般人称“先生”，会使他们处于尴尬境地。

（9）忌用同一双筷子给宴席上所有人夹取食物。

日本人总的特点是勤劳、守信、遵守时间、工作和生活节奏快，他们重礼貌，妇女对男子特别尊重，集体荣誉感强。把握了这些要点，就能在与其的商务往来中保持礼仪形象，不会对他们造成冒犯。

（三）新加坡

新加坡占地面积较小，由新加坡岛及其附近的小岛组成，风景秀丽，以“花园城市”享誉世界。“新加坡”三字的意思是“狮子城”。新加坡人特别讲究卫生，在该国，随地吐痰、扔弃废物者均要受到法律制裁。

1. 宗教信仰

新加坡人信奉的宗教主要有佛教、道教、伊斯兰教、基督教和印度教。

2. 主要节庆

（1）华人新年（同中国春节）。

（2）国庆节（8月9日）。

（3）开斋节。

3. 饮食习惯

（1）主食品种为米饭、包子，不吃馒头。早点喜用西餐，下午爱吃点心。

（2）副食为鱼虾，如炒鱼片、油炸鱼、炒虾仁等。

（3）不信佛教的人爱吃咖喱牛肉。

（4）吃水果爱吃桃子、荔枝、梨。

（5）偏爱中国广东菜。

4. 礼貌礼节

新加坡人特别讲究礼貌礼节。该国经济得以迅速发展的一个重要原因就是服务质量高、礼貌服务做得好。

（1）华裔新加坡人在礼貌礼节方面不但与我国非常相近，而且保留了许多中国古代遗风，如两人相见时要相互拱手作揖等。通常的见面是鞠躬或轻轻握手。不少人汉语水平很高，使用汉语礼貌用语很娴熟。

（2）印度血统的人因多数信奉印度教，故仍保持着印度的礼节和习俗，如男人腰扎白带，见面行合十礼。

（3）马来血统、巴基斯坦血统的人按伊斯兰教的礼节待人接物。

5. 禁忌

（1）新加坡人视紫色、黑色为不吉利，黑、白、黄为禁忌色。

（2）与新加坡人谈话，忌谈宗教与政治方面的问题。

（3）不能向新加坡人讲“恭喜发财”这句话。他们认为这句话有教唆别人发横财的嫌疑，是挑逗、煽动他人干对社会和他人有害的事。所以十分忌讳别人拿这句话祝福自己。

（4）不能违反宗教礼仪。虔诚的佛教徒、印度教徒、伊斯兰教徒谨守他们的宗教禁忌，和他们打交道时要弄清他们的宗教信仰或让他们主动提出要求，不要因不懂他们的禁忌而导致失礼。

二、欧美部分国家的习俗与禁忌

（一）美国

美国是一个多民族的移民国家，经过200余年的发展，各民族相融、兼收并蓄，在习俗和礼节方面，形成了以欧洲移民传统为主的特色。美国人给人的印象是性格开朗、乐观大方、不拘小节、讲究实际、反对保守、直言不讳。

1. 宗教信仰

据2007年估算数据，美国居民大多信奉基督教和天主教，有部分居民信奉犹太教及其他宗教，还有一些居民不属于任何教派。

2. 主要节庆

（1）独立日（7月4日）。

（2）圣诞节是美国人最重视的节日。

（3）感恩节，也叫火鸡节，在每年 11 月的第四个星期四举行。

（4）父亲节和母亲节。

（5）美国的年轻人还喜欢过愚人节。

（6）植树节。

3. 饮食习惯

（1）忌油腻，喜清淡。新鲜的蔬菜生的、冷的都吃。鸡、鸭、鱼及其他带骨的食品要剔除骨头后才能做菜。

（2）喜欢吃咸中带甜的食品。烹调的方法偏煎、炒、炸，但不用调味品，而是把番茄沙司、胡椒粉、精盐、辣酱油等调味品放到桌上，任进餐者按自己的口味自由调配。

（3）讨厌奇形怪状的食品，如鳝鱼、鸡爪、海参、猪蹄。不吃脂肪含量高的肥肉和胆固醇含量高的动物内脏。平时做菜时喜欢用水果作配料，用苹果、紫葡萄和凤梨来烧肉类、禽类食品。水果也用在做冷菜上，以色拉油调和。不用色泽深的酱油。

（4）一般爱喝冰水、冰矿泉水、冰啤酒和冰可乐等软性饮料和冰牛奶，而且越冰越好。餐前习惯喝些果汁，用餐过程中饮啤酒、葡萄酒，餐后有喝咖啡助消化的习惯。

4. 礼貌礼节

（1）美国人乐于交际，不拘泥于正统礼节。他们没有过多的客套，与人相见常只说“Hi”。

（2）不要对美国妇女心存男女有别的观念，要充分尊重她们的自尊心。美国妇女日常有化妆的习惯，但不浓妆艳抹，在她们眼里化妆是一种需要，也是表示尊重别人。

（3）在美国崇尚女士优先。

（4）美国人有晚睡晚起的习惯。

（5）美国人遵守时间，很少迟到。

（6）美国人通常不主动送名片给别人，只有双方想保持联系时才送。

（7）当着美国人的面如想吸烟，需先问对方是否介意，不能随心所欲、旁若无人。

（8）美国人平时不太讲究衣着，只有在正式的社交场合才讲究服饰打扮。

（9）美国人讲话中礼貌用语很多。“对不起”、“请原谅”、“谢谢”、“请”等经常脱口而出。在同别人交谈中喜欢夹带手势。不喜欢被人不礼貌地打断讲话。

（10）喜欢交谈时与别人保持一定的距离，一般以保持 50 厘米为宜。

（11）美国对电话的利用率极高，不论订火车票、飞机票、戏票，还是看病挂号、入学报名等，都用电话预约。到美国人家里做客必须先用电话约定，事先未约好而登门是不礼貌的。

（12）在美国乘坐出租车很方便，招手即停。车费依路程远近及乘客多少而定。坐出租车应给小费，大约是车费的 15%。

5. 禁忌

（1）美国人很重视隐私权，忌讳被人问及个人隐私。

（2）美国人忌黑色，最讨厌的数字是“666”、“13”、“3”。他们不喜欢的日期是星期五。

（3）下列体态语忌用：盯视他人、冲着别人伸舌头、用食指指点交往对象、用食指横在喉头之前、竖起拇指并以之指向身后、竖起中指。他们认为这些都具有侮辱他人之意。

（4）美国人大都认为“胖人穷”、“瘦人富”，所以他们不喜欢别人说自己“长胖了”。

美国作为世界唯一的超级大国，其经济能量不容小觑，和美国人在业务上打交道是常有之事。为了取得更好的效果，或者维持更长久的商务往来，一定要树立自己良好的礼仪形象，尊重他们的礼俗习惯。

（二）加拿大

加拿大是一个年轻而富庶的国家。加拿大人热情友好、文明礼貌、踏实勤奋。当然，他们对经商同样在行。

1. 语言和宗教信仰

加拿大人主要是欧洲移民的后裔，以英国、法国血统为多。除魁北克省人讲法语外，其他地区人讲英语。加拿大人中大部分信仰天主教、基督教。

2. 主要节庆

加拿大人多为欧美血统，所以该国的节庆都是西方国家共有的，如圣诞节、感恩节等。

3. 饮食习惯

（1）在饮食口味上，加拿大人喜食甜酸的、清淡的、不辣的食品。烹调中不用调料，上桌后由用餐者自由选择调味品。除炸烤的牛排、羊排、鸡排外，他们也爱吃野味。他们注意营养，要喝原汁原味的清汤。

（2）加拿大人早餐选择牛奶、土司、麦片粥、煎或煮鸡蛋和果汁。

（3）在饮料的品种上与美国人的选择相仿，只是不像美国人那样强调“一定要冰镇”。加拿大人喜欢喝下午茶，苹果派等甜食品是他们在喝咖啡时喜爱品尝的。不少加拿大人嗜好饮酒，威士忌、白兰地、伏特加都很受欢迎。

（4）晚餐（正餐）是加拿大人最重视的一餐。一般晚餐比较丰盛。

（5）加拿大人讲究饮食上的科学，不吃胆固醇含量高的动物内脏，也不吃脂肪含量高的肥肉。

4. 礼貌礼节

加拿大人讲究实事求是，与他们交往不必过于自谦，不然会被误认为虚伪和无能。加拿大人通常行握手礼，讲究使用礼貌语言，注重必要的礼节。

5. 禁忌

（1）忌讳别人赠送自己白色的百合花，因为加拿大人只有在葬礼上才使用这种花。

（2）一般不喜欢黑色和紫色。

（3）在宴席上，喜用双数安排座次，忌讳单数。

加拿大身为西方“七国”之一，与中国的贸易往来不断。我们必须了解他们的礼俗习惯，与他们友好相处，发掘商机。

（三）英国

英国是老牌的经济强国，商务活动中与英国人打交道的机会应该不少。了解他们的礼俗习惯并予以尊重，是展开合作的前提条件。

1. 宗教信仰

绝大部分人信奉基督教。

2. 主要节庆

（1）圣诞节（12 月 25 日）。

（2）情人节（2 月 14 日）。

（3）新年。新年之夜全家围坐，聚餐饮酒，唱辞岁歌，辞旧迎新。

3. 饮食习惯

（1）英国人口味喜清淡酥香，不爱辣味。

（2）比较讲究的英国人一日四餐：早餐丰盛，一般吃麦片、三明治、奶油点心、煮鸡蛋，饮果汁或牛奶；午餐较简单；午后饮茶也算一餐，通常喝茶，吃面包、点心；晚餐最讲究，吃煮鸡、煮牛肉等食物，也吃猪肉、羊肉。

（3）英国人做菜不爱放酒。

（4）吃饭时调味品放在餐桌上，任进餐者调味。

（5）用餐讲究座次、服饰、方式。

（6）英国人每餐都喜欢吃水果，晚餐还喜欢喝咖啡。

（7）夏天爱吃各种果冻和冰淇淋，冬天则爱吃蒸的布丁。

（8）英国人爱喝茶，一早起床就要喝一杯浓红茶。倒茶前，要先往杯子里倒入冷牛奶，加点糖。英国人常饮葡萄酒和冰过的威士忌苏打水，也有的喝啤酒，一般不饮烈性酒。

4. 礼貌礼节

（1）英国人重视礼节和自我修养，所以也注重别人对自己是否有礼，重视行礼时的礼节程序。他们很少在公共场合表露自己的感情。

（2）英国人，特别是年长的英国人，喜欢别人称他们的世袭头衔或荣誉头衔，至少要用先生、夫人、阁下等称呼。

（3）见面时对初次相识的人行握手礼。在大庭广众之下，他们一般不行拥抱礼，男女在公共场合不手拉手走路。

（4）他们安排时间讲究准确，而且照章办事。

（5）若请英国人吃饭，必须提前通知，不可临时匆匆邀请。到别人家赴宴，可以晚去一会儿，但不可早到。若早到，可能主人还没有准备好，导致失礼。

（6）英国人特别欣赏自己的绅士风度，不喜欢别人问及有关个人生活的问题，如职业、收入、婚姻等。英国人较注意服饰打扮，什么场合穿什么衣服都有讲究。

（7）下班后，英国人不谈公事，特别讨厌就餐时谈公事，也不喜欢邀请有公事交往的人来自己家中吃饭。和英国人闲谈最好谈天气等，不要谈论政治、宗教和有关皇室的小道消息。

（8）在英国，“女士优先”比世界其他国家表现得都明显。接待英国妇女时，必须充分尊重她们。

（9）对英国人用表示胜利的手势“V”时，一定要注意手心对着对方，否则会招致不满。

5. 禁忌

（1）英国人忌数字“13”、“3”，特别忌别人用打火机或火柴为自己点第三支烟。

（2）与英国人谈话，若坐着谈应避免两腿张得过宽，更不能跷起二郎腿；若站着谈不可把手插入衣袋。

（3）忌当着英国人的面耳语，不能拍打肩背。

（4）英国人忌用人像作商品装潢。英国人忌用大象图案，因为他们认为大象是蠢笨的象征。英国人讨厌孔雀，他们认为它是祸鸟，把孔雀开屏视为自我炫耀和吹嘘。

（5）英国人忌送百合花。他们认为百合花意味着死亡。

英国向来以绅士著称。和英国人打交道，尤其要重视商务礼仪的重要作用。

（四）法国

随着改革开放的深入，和法国客商打交道的场合越来越多。若想在他们面前不失礼节，就要了解以下的要点。

1. 宗教信仰

大多数法国人信奉天主教，少数信奉基督教和伊斯兰教。

2. 主要节庆

（1）圣诞节（12 月 25 日）。

（2）新年（1 月 1 日）。

（3）国庆节（7 月 14 日）。

（4）万灵节（11 月 1 日），也称诸圣节，是法国人祭奠先人及为国捐躯者的节日。

3. 饮食习惯

（1）法国人的早餐一般都吃面包、黄油，喝牛奶、浓咖啡；午餐喜欢吃炖鸡、炖牛肉、炖火腿、焖龙虾、炖鱼等；晚餐一般很丰盛。

（2）法国人喜欢吃各种新鲜蔬菜、生牡蛎、冷盘、水果、蜗牛、青蛙腿及酥食点心。法国人不喜辣味且离不开奶酪。

（3）法国人的口味特点是喜鲜嫩、肥浓，做菜用酒比较重。肉类菜不烧得太熟，有的只有二三成熟，最多七八成熟。法国人的菜肴配料爱用大蒜、丁香、芹菜、胡萝卜和洋葱。

（4）法国人不太喜欢吃汤菜，更不爱吃不长鳞片的鱼类。

（5）法国人的家常菜是牛排和土豆丝，鹅肝是法国的名贵菜。

（6）法国人喜欢喝啤酒、葡萄酒、苹果酒、牛奶、红茶、咖啡、清汤等。

4. 礼貌礼节

（1）法国人谈问题不拐弯抹角，也不急于做出结论。做出结论后都明确告知对方。

（2）法国人约会讲究准时。

（3）在公共场所，不能随便指手画脚、掏鼻孔、剔牙、掏耳朵；男子不能提裤子，女子不能隔着裙子提袜子；女子坐时不能跷起二郎腿，双膝要靠拢。不喜欢大声喧哗。

（4）法国男女不赠送或接受有明显广告标记的礼品，而喜欢有文化价值和艺术品位的礼品。

（5）法国男女一起看节目，女子坐在中间，男子则坐在两边。

（6）法国人行接吻礼时，规矩很严格。朋友、亲戚、同事之间只能贴脸或颊，长辈对小辈是亲额头，只有夫妇或情侣才真正接吻。

5. 禁忌

（1）忌黄色的花，法国人认为黄色花象征不忠诚。

（2）忌黑桃图案，法国人视为不吉利。

（3）忌仙鹤图案，法国人认为仙鹤是蠢汉和淫妇的象征。

（4）忌墨绿色，因为纳粹军服是墨绿色。

（5）忌送香水给关系一般的女性。法国人认为送香水给女性意味着求爱。

（五）德国

德国的经济实力有目共睹，其制造业更是辉煌一时。随着中德合作的不断深入，了解和尊重德国的风俗习惯已越来越重要。

1. 宗教信仰

德国居民中33%信奉基督教，32%信奉天主教。

2. 主要节庆

（1）啤酒节。这是除了传统的宗教节日外最主要的节日。

（2）狂欢节。

（3）德国统一日（10月3日）。

3. 饮食习惯

（1）德国人的早餐比较简单，一般只吃面包，喝咖啡。午餐是他们的主餐，主食一般是面包、蛋糕，也吃面条和米饭；副食喜欢吃瘦猪肉、牛肉、鸡蛋、土豆、鸡鸭、野味，不大喜欢吃鱼、虾等海味，也不爱吃油腻、过辣的菜肴，口味喜清淡、甜酸。晚餐一般吃冷餐，吃时喜欢关掉电灯，只点几支蜡烛，在摇曳的烛光下边谈心边吃喝。

（2）德国人爱吃各种水果及甜点心。

（3）德国人的饮料以啤酒为主，也爱喝葡萄酒。

（4）德国人外聚在一起吃饭时，在不讲明的情况下，要实行 AA 制。

4. 礼貌礼节

（1）德国人好清洁，纪律性强。在礼节上讲究形式，约会要准时。

（2）请德国人进餐，事前必须安排好。在宴会上，一般男子要坐在妇女和职位高的人的左侧。当女子离开和返回饭桌时，男子要站起来以示礼貌。

（3）德国人不喜欢别人直呼其名，而要称头衔。

（4）接打德国人的电话，要首先告诉对方自己的姓名。

（5）与德国人交谈，可谈有关德国的事及个人业余爱好和体育，如足球之类的运动，但不要谈篮球、垒球和美国式的橄榄球运动。

5. 禁忌

（1）注意宗教禁忌。

（2）忌讳茶色、黑色、红色、深蓝色等颜色。

（3）商品包装上禁用法西斯或类似符号。

（4）忌送玫瑰花。

德国人的坚韧、锲而不舍的精神，在世界上如同他们制造的机器一样出名。和他们进行商务交往，一定要本着实事求是的态度，就事论事。

（六）意大利

以足球和时装为“名片”的意大利，对于很多中国人来说已经不再陌生。多了解一点意大利的风俗习惯，有益无害。

1. 宗教信仰

意大利人绝大多数信奉天主教。天主教在意大利有着很广泛的影响，首都罗马城内的梵蒂冈是世界天主教的中心。

2. 主要节庆

（1）圣母升天节（8 月 15 日）。

（2）主显节（1 月 6 日）。

（3）解放日（4 月 25 日）。

（4）国庆日（6 月 2 日）。

（5）万圣节（11 月 1 日）。

（6）胜利日（11 月 4 日）。

3. 饮食习惯

（1）意大利人喜欢吃米饭和面食，面食的种类繁多，不仅可以当主食还可以当菜肴。

（2）意大利的菜肴具有味浓、原汁原味的特点。

（3）意大利人喜食海鲜，喜欢吃生的牡蛎及蜗牛。

（4）餐后，意大利人喜欢吃水果，如苹果，也有人喜欢喝酸牛奶。

（5）酒是意大利人离不开的饮料，特别是葡萄酒，不论男女，几乎餐餐都喝。

4. 礼貌礼节

（1）意大利人在待人接物方面也颇具艺术情调。

（2）意大利人大学毕业后一般都有头衔，喜欢别人称呼他们的头衔。

（3）有些意大利人不太注意约会的准时。

（4）与意大利人的谈话内容可以是家庭、工作、新闻及足球。

5. 禁忌

（1）意大利人忌菊花，因为菊花是他们祭坟扫墓时才用的花。

（2）不要与意大利人谈论政治和美国的橄榄球。

（七）俄罗斯

俄罗斯是一个大国，有着悠久的历史和丰富的传统文化。近年来，随着中俄两国睦邻友好关系的发展，边境贸易剧增，商务机会不断涌现。为了更好地与俄罗斯人进行商务往来，应了解和尊重其风俗习惯。

1. 宗教信仰

俄罗斯人主要信仰东正教，这是该国的国教。

2. 主要节庆

（1）春天与劳动节（5 月 1 日）。

（2）祖国保卫者日（2 月 23 日）。

（3）人民团结日（11 月 4 日）。

3. 饮食习惯

（1）俄罗斯人日常以面包为主食，鱼、肉、禽、蛋和蔬菜为副食。他们喜食牛肉、羊肉，但不大爱吃猪肉，偏爱酸、甜、咸和微辣口味的食品。俄罗斯人的早餐较简单，吃上几片黑面包，喝一杯酸牛奶就可以了。但午餐和晚餐很讲究，常吃肉饼、牛排、红烧牛肉、烤羊肉串、烤山鸡、鱼肉丸子、炸马铃薯、红烩的鸡和鱼等。吃午餐和晚餐时一定要喝汤，而且要求汤汁浓，如鱼片汤、肉丸汤、鸡汁汤等。

（2）凉菜小吃中，俄罗斯人喜欢吃生西红柿、生洋葱、酸黄瓜、酸奶渣以及酸奶油拌色拉等。进餐时，吃凉菜的时间较长。

（3）俄罗斯人喝啤酒佐餐，酒量也很大。他们最喜欢喝高度烈性的“伏特加”，对我国产的“二锅头”等白酒也是爱不释手。

（4）俄罗斯人在喝红茶时有加糖和柠檬的习惯。通常他们不喝绿茶。酸牛奶、果汁则是妇女和儿童们喜爱的饮料。

4. 礼貌礼节

（1）俄罗斯人性格豪放、开朗，喜欢谈笑，组织纪律性强，习惯统一行动。与人相约，讲究准时。与人相见，开口先问好，握手致意。朋友间行拥抱礼并亲面颊。

（2）给客人吃面包和盐是俄罗斯人最殷勤的表示。

（3）尊重女性。在社交场合，男士会帮女士开门、脱大衣，餐桌上为女士分菜等。

（4）称呼俄罗斯人要称其名和父名，不能只称其姓。

（5）俄罗斯人爱清洁，不随便在公共场所扔东西。

（6）俄罗斯人重视文化教育，喜欢艺术品和艺术欣赏。

（7）俄罗斯人普遍习惯洗蒸汽浴，洗法很特别，洗时要先用桦树枝拍打身子，然后再用冷水浇身。

5. 禁忌

（1）与俄罗斯人交往不能说他们小气。

（2）初次结识俄罗斯人忌问对方私事。

（3）不能与他们在背后议论第三者。

（4）对妇女忌问年龄。

三、澳大利亚的习俗与禁忌

由于国际贸易的迅速发展，中澳双方都有合作需求。为了今后的交流，最好多了解一些澳大利亚人的礼俗习惯。澳大利亚是一个后起的资本主义国家，曾是英国殖民地，独立后仍为“英联邦”成员国。澳大利亚人口中有 95% 为英国移民的后裔，通用英语。澳大利亚地大物博，采矿工业发达，铁、铝、铜、金等矿产品的产量均居世界前列，农牧业以小麦和养羊为主，羊的总头数常居世界第一位。

（一）宗教信仰

大多数澳大利亚人信奉基督教。

（二）主要节庆

当北半球的国家在 12 月底欢度圣诞节的时候，位于南半球的澳大利亚正处于仲夏时节，所以澳大利亚的圣诞节与众不同，别有风趣。圣诞老人穿着大红皮袄、踏着雪橇与烈日下大汗淋漓、吃着冰淇淋的人们形成鲜明的对照，是一番少有的庆贺景象。

（三）饮食习惯

由于历史原因，人口中英国移民的后裔占绝大多数，他们的饮食习惯与英国人相差不多，菜要求清淡，不喜欢辣味。澳大利亚人喜欢吃新鲜素菜、煎蛋、炒蛋、火腿、鱼虾、牛肉等。菜肴中的脆皮鸡、炸大虾、油爆虾、糖醋鱼、奶油烤鱼和烧西红柿等是他们常吃的食品。他们习惯用很多调味品，在餐桌上由自己调味。

（四）礼貌礼节

（1）澳大利亚人见面时行握手礼。握手时非常热烈，彼此称呼名字，表示亲热。

（2）澳大利亚人办事爽快、认真，喜欢直截了当。

（3）澳大利亚人乐于交朋友，碰到陌生人喜欢主动聊天。

（4）澳大利亚人注意遵守并珍惜时间。

（五）禁忌

与英国人相仿。澳大利亚与英国有着千丝万缕的联系，了解他们的礼俗时可以触类旁通。

四、非洲部分国家的习俗与禁忌

非洲是世界文明的发源地之一。如今的非洲，由于各种原因，经济发展得还不是很好。但是，非洲作为一个巨大的潜在市场，在很多情形下可能与我们发展贸易关系。我们有必要对非洲人的基本习俗和礼节做个简要的了解，以免将来与非洲朋友们进行商务来往时失礼。

（一）宗教信仰

大体上，非洲人分黑种人和白种人两大类，黑种人分布在非洲的东部、中部、西部及南部的一些国家中，而白种人多数居住在北非地区和南非。黑种人大多信仰原始宗教、拜物教。白种人以信奉伊斯兰教为主。

（二）饮食习惯

一般情况下，非洲人吃西餐不成问题。忌讳猪肉、动物内脏之类的食品。不要主动向非洲人提供酒类饮料。对非洲的穆斯林，千万不要只用左手递物品，而要用右手或双手。

（三）礼貌礼节

（1）不要与非洲人谈及政治。

（2）非洲人做礼拜时不能打扰。

（3）向非洲人表示友好时可行握手礼，并要显得落落大方。

（4）对黑种人不能直呼其“黑人”，而应称非洲人或某国人。

（5）非洲人不太注意整理房间，对此不要惊讶。

（6）当看到非洲人即兴地手舞足蹈时，不要表露出吃惊的神态。

（四）各国礼俗禁忌

1. 埃及

埃及人喜欢绿色和白色，并习惯于用其表示快乐；喜欢金字塔形和莲花图案，讨厌黑色和蓝色，认为其表示不幸。“针”为其特有的忌讳物和忌讳语，农村妇女甚至通常用该语进行对骂。

2. 利比亚

利比亚的图阿雷格族是世界上独一无二的男子戴面纱的民族，而且规定只有自由人民才能戴。利比亚禁酒的法律极为严厉。

3. 摩洛哥

到摩洛哥人家做客必须主动脱鞋；摩洛哥人认为 3、5、7、40 是积极的数字；摩洛哥人喜欢绿色、红色、黑色，忌白色；忌讳六角星和猫头鹰图案。

4. 苏丹

苏丹人特别喜欢牛。除祭祖、祭神外，一般忌讳杀牛。

5. 尼日利亚

尼日利亚东部的伊特人不喜欢苗条女子，认为只有胖墩墩的女人才能成为贤惠的妻子。

6. 埃塞俄比亚

居民有35%信奉基督教。埃塞俄比亚最大的特点是这里的时间划分不同于世界上任何一个国家。他们把太阳升起的时间作为一天计时的开始，这样格林尼治时间上午六点就成为他们的白天零点；而格林尼治时间下午6点则是他们的白天12点的结束和夜间12点的开始。他们把一年分为13个月，前12个月都是30天，而第13个月则是5~6天。

7. 中非

信奉拜物教和图腾。每个家庭所崇拜的某种动物为神的力量、勇气的象征，不能捕杀，更不能食用。男女不能围成一桌进食，即使儿子和母亲、女儿与父亲也不例外。若不是同姓的异性，还需在两个不同房间进食，即使女婿和岳母、公公和媳妇也是如此。

8. 加纳

酋长有着至高的地位，外来人每到一处，都应拜会当地的酋长。加纳人把凳子看作最神圣的财产而加以崇拜。凳子既是他们的日用品，又是馈赠品。加纳人对色彩极为讲究，不同的颜色对他们有着不同的含义。

9. 乌干达

乌干达人忌讳别人问有关牛羊的情况，更不允许别人问牛的数量和用手指小羊。

10. 肯尼亚

肯尼亚人性情温和，喜欢交朋友，但部族意识极为强烈，还认为任何以“7”结尾的数字均不吉利。

11. 赞比亚

在“铜都”赞比亚，除旅游观光地区外，不能随意拍照。否则，不仅相机和胶卷会被没收，还可能被抓进警察局，甚至招来枪弹的袭击。

12. 马达加斯加

马达加斯加人崇敬狐猴。他们迷信地认为，人死后灵魂可以在狐猴身上托生。他们将牛群和土地一样视为神圣的财产代代相传；对牛具有特殊的崇拜。马达加斯加人对老人特别敬重，因为他们认为，人的岁数越大，其智慧越多。

非洲作为新兴的经济力量，会在世界经济中起到越来越重要的作用。多了解他们一些，多尊重他们一些，也就会在将来的商务合作中愉快一些。

[行为训练]

1. 5个法国职业经理人（2男3女）相约去听音乐会。请为他们排列坐在一起的顺序。

2. 假设一位澳大利亚的业界朋友来中国进行友好访问，请演练你在家里宴请的礼仪。

【阅读与思考】

1. 王经理到日本出差。一下飞机，顾不上换衣服就赶到合作商稻本家做客。稻本请王经理共进晚餐。稻本劝酒，王经理以有事为由拒绝，后来实在碍不过稻本的热情，勉强答应喝一杯。一杯酒后，王经理径自把酒杯扣下，表示不能再喝了。席间，王经理拿出“中华”牌香烟敬稻本，见稻本推辞，便自己点上了。席后，稻本请王经理喝茶，想让他体会一下“和敬清寂”。王经理说有事要走，便起身告辞。王经理走后，稻本心中很不痛快。

思考：

王经理在做客期间，有哪些地方不太符合日本人的礼俗习惯？

2. 假如你送给新加坡客户一幅以紫色为底色的油画，会出现什么后果？过年时，你向新加坡客户说“恭喜发财”，会出现什么后果？

3. 请问如何与美国人在见面时打招呼？如果请美国客人吃饭，饭菜需要有什么特别的要求吗？

4. 在加拿大人看来，白色的百合花意味着什么？

5. 在对英国人用表示胜利的手势“V”时，手心是否对着对方，并不是很重要。这个说法对吗？白象电池是我国的名牌产品，但在英国却基本没有销路。除了营销手段的问题，更重要的原因是什么？

6. 巴黎的香水很有名。如果你抵达巴黎拜会客户时会给其夫人买一瓶昂贵的高档香水吗？

7. 假设公司要派遣你到以下国家和地区进行业务拓展。请尝试填写以下表格，看看你对非洲大陆的熟悉程度。

国家和地区	礼俗习惯	礼俗禁忌
埃及		
中非		
肯尼亚		
利比亚		
马达加斯加		

【学习评价】

学习和遵守西方各国的礼俗时要与我国的对外政策相一致，了解西方国家礼仪的共同特点，准确把握世界各国的礼俗禁忌，并在交往中灵活运用，整体上要做到入乡随俗、客随主便、相互尊重。

【结束语】

人无礼则不立，事无礼则不成，国无礼则不宁。我国的外交礼仪是中西结合，以中为主，具有中国特色，国家不论大小一律平等。只有认清中西礼仪文化的差异，熟知各国习俗禁忌，将二者合理有效地融合，方能建立适合的涉外礼仪文化体系，达到理想的和谐社会。

第六章　求职应聘礼仪

第一节　求职面试的技巧和礼仪

案例导入

小黄是一名管理专业的毕业生。求职简历寄出后的第 4 天，他收到了招聘单位的面试通知，并且总经理办公室秘书打电话询问，说公司下午有一场与集团另一公司的业余篮球赛，问他是否愿意参加。小黄认为这是一个增进他对这家公司深入了解的大好机会，决心一定要珍惜。

球赛开始，小黄担任中锋，率先得分，场外掌声四起。但在球赛进行中，他很快发现其他队友勇敢有余，却经验不足，使得对手频频得分，一度出现大比分落后的情况。于是他充当了临时教练,组织阵法,更多地给队友进行技术指点。比赛继续进行时，他一边运球，一边向队伍打手势，指挥他们占领最佳的位置，并抓住时机，传球投篮得分。在小黄的指挥下，队友的积极性大增，终场时他们以明显的优势取得了比赛的胜利。大家发自内心地欢笑着并相互击掌祝贺。

在场外公司自发组织的后勤报务台上，小黄见到了公司总办秘书，也见到了受企业员工爱戴的老总。老总走过来和小黄握手，并问他还记不记得明天面试的事，小黄马上回答说："记得！"并真诚地表示自己非常喜欢到这个公司工作，老总看看他，同样真诚地说刚才在球场上他已经看出来了。

第二天，面试如期进行，小黄前去面试。公司老总就是面试主考官，见到小黄，第一句话就是："你已经通过面试了。"小黄不解地看着老总。老总接着说："就在昨天的比赛场上！通过昨天的面试，我发现你很注意团体合作，注重协调大家的能力，团结奋斗，积极进取。这些都是我们企业所极为看重的，也是你将来在工作中极为重要的品质要求，至于其他方面，你要在今后的工作中慢慢学习、锻炼。欢迎加入我们的公司。"

那天，仅用了不到 20 分钟，小黄就办妥了所有手续。走出公司大门时，他已是这家公司的员工了。

[评析与思考]

小黄抓住一切机会展示自己、推销自己，从而赢得了招聘公司的认可。自我推销是随时随地的，良好的礼仪和熟练的技巧会使我们的自我推销更为顺利。

自我推销的过程就是人际交往的过程，自我推销必须掌握人际交往技巧。为了使用人单位接纳自己，应使对方与自己在心理上保持和谐的关系，建立交往的心理相容通道，要有良好的仪容和大方得体的谈吐。要从对方谈起，要多谈对方的优势，少一些“王婆卖瓜”，达到事半功倍的效果。

实践证明，人们最乐意接受的是和自己相近的或相同的人，推销前一定要学会自我介绍，要把朝气蓬勃、充满活力和自信的自己恰如其分地介绍给对方，注意做到大方自信、简明扼要、把握分寸、留有余地。

进行面试要做好以下准备：准备要告诉对方的内容，准备要回答的问题，准备自己要提的问题以及充分了解用人单位的情况。面谈、面试礼仪十分重要，要做到：穿戴大方，整洁朴素；遵守时间，准时赴约；表现自然，动作得体；讲究礼貌，尊重对方。面谈、面试还要讲究点艺术，要尽量避免以“我”为中心。语言吐字要清楚，注意语音、语速，要排除杂念，注意力集中，积极乐观，克服自卑、羞怯心理，努力营造一种和谐愉快的氛围。

【行为训练】

1. 将同学分为几个小组，每组5~6人，自己设计并模拟面试的场景和对话，分别进行表演，互相点评。最后以小组为单位完成下面表格的填写。

求职面试的注意事项

着装要求	
语言要求	
举止要求	
材料准备	

2. 以小组为单位通过网络等形式搜集一个面试成功或失败的典型案例，并按角色进行表演，注意突出重点，并解说该案例成功或失败的主要原因。

【阅读与思考】

小张就读于某大学财会专业，毕业求职意向首选是会计师事务所。经过层层筛选，他如愿进入某著名会计师事务所的最后一轮面试，也就是要去见事务所的合伙人。能从数千求职大军中杀出见到合伙人已经实属不易。然而，在见合伙人的时候他特别紧张。他叫错了合伙人的名字，并且临走时把包忘在了合伙人的办公室里。由于是英文面试，他重复一个英文单词数遍，唯恐对方听不清楚，直至那位合伙人亲自打断并说明已经理解了小张的意思，他才明白该适可而止。当面试官问他对该公司有多少了解时，他说由于没来得及查看该公司的资料，所以不太了解。结果这家国际一流的会计公司在最后一轮的面试中将他拒之门外。

思考：

小张为什么被面试公司拒之门外呢？

【学习评价】

学习评价表

	课堂活动（模拟面试）			课外活动
	语言	举止	综合自信度	
第一组				
第二组				
第三组				
第四组				

【结束语】

在求职路上，每个职场人都要建立自信，这样才可能在求职面试中胜券在握。当然，求职能否成功，临场发挥是一个方面，合理的职业生涯规划更为重要。如果你的职业生涯在不断地找工作面试中度过，说明你的职业生涯规划也许已经出现了问题，到了该好好反思的时候！

第二节　求职信的书写礼仪

案例导入

尊敬的领导：

您好！

我是 ×× 学院文秘专业 08 届本科毕业生，即将在今年 7 月份离开母校走向社会。

我渴望一个新的生活舞台，渴望找到一个适合自己并值得为其奉献一切的工作单位。前天我通过网络得知贵单位需要一名行政助理，我高兴极了，贵单位是我慕名已久的地方，行政助理的岗位又最能体现我的专业特长。因此我迫不及待地写这封求职信，希望您能在百忙之中审阅一下，也许您会发现一名非常称职的员工。

1986年我出生于北京市的一个知识分子家庭，父母的熏陶使我自幼养成勤奋刻苦、求真务实的生活态度。在大学里，我学习刻苦，要求上进，经过坚持不懈的努力，取得了优异的成绩，连续四年获得一等奖学金。除学习外，我还积极参加学生工作和社会实践活动，先后担任过班长、学生会副主席等职务，也利用寒暑假在信科集团和三禾公司担任办公室秘书，协助办公室主管完成了大量的办公室日常事务，具备一定的工作经验。

我学习了两门外语，英语达到大学英语六级水平，第二外语是意大利语，已达到可以流利进行日常对话的水平。相信这些语言能力将会在今后的工作中起到很重要的作用。

我身体健康，品貌端正，体育成绩优秀，曾在2006年全校春季运动会上获得400米第三名。我爱好羽毛球、乒乓球、网球等体育活动，课余时间喜欢看书和听音乐，尤其对古典音乐有着浓厚的兴趣。

我相信我的热情和能力能够使我胜任贵单位的行政助理工作，请您给我这次机会，我将十分珍惜并以全身心的投入来回报您的知遇之恩。

通讯地址：××××××××

邮　　编：100123

电　　话：12345678

如您能给我这次难得的宝贵机会，请您拨打电话12345678或来函预约面试时间，我会随时准备拜见。热诚期待您的答复！非常感谢您能看完我的求职申请，谢谢您，再见！

祝

工作顺利、生活愉快！

申请人：王××

2008年5月20日

【评析与思考】

小王的求职信写得既有礼貌又诚恳热情，得到招聘单位认可的可能性很大。求职信写得如何，与能否给招聘单位留下良好的第一印象进而获得面试机会，关系十分密切。因此，在写作求职信时一定要掌握相关礼仪。

撰写求职信的目的是要引起招聘人的注意，获得好感和认同，争取面试机会。求职信是针对特定的人而写的，是对简历的简洁概述与补充，重点是表述求职者的主观愿望与特长，要集中突出个人的特征与求职意向，打动招聘人。

求职信带有一定私人信件的性质，应有一定的感情色彩，行文要简明流畅，晓之以理，动之以情，既有说服力，又有感染力，使人相信你的资格、能力和人品。

求职信正确的写法：第一部分写明你要申请的职位和你是如何得知该职位的招聘信息的。第二部分说明你如何满足公司的要求，陈述个人技能和个性特征。第三部分表明你希望迅速得到回音，并标明与你联系的最佳方式。第四部分感谢对方阅读并考虑你的应聘。每封求职信应针对不同的雇主而精心设计，以此表明你明白该公司的需要。求职信还应包括你所取得的成果及解决问题的事例，这些事例需与你所申请的工作类型相关。

[行为训练]

1. 先小组讨论，然后总结出在求职信的书写中以下几个方面常用的词汇和语言。

表达“称呼”的常用词汇	
叙述个人能力特点的语言	
对求职公司的赞美语言	
表达问候祝颂语	

2. 尝试独立完成一份求职信的书写，注意书写格式、语言称呼得体，对个人能力特点的表述应准确。

[阅读与思考]

一份好的求职信能体现你清晰的思路和良好的表达能力。换句话说，它体现了你的沟通交际能力和性格特征。在动笔之前须考虑五个方面的内容：

（1）未来的雇主需要的是什么？你期望得到的职位中，什么样的技能、知识和经历是最重要的？

（2）你的目标是什么？你写求职信的目的是什么？是想获得一个具体的职务、一次面试的机会，还是仅仅希望有人通过电话花 10~15 分钟与你谈一下有关机构的总的情况？

（3）此雇主或职位的优点或优势是什么？如果你是针对某个具体的职位而写此信，那么所列的优点应该就是招聘广告上需求的；如果你不是针对具体的职位的话，就按通常所需的知识和经历来考虑。

（4）如何把你的经历与此职位挂钩？列举两个你曾获得的具体的成绩，它们能证明你在第（3）问中所提的优点。

（5）你为什么想为此机构或雇主服务？你对他们的了解有多少？是否了解他们的产品或服务、任务、企业文化、目标、宗旨、背景、价值观等？

当你对以上5个问题考虑成熟之后，就可以开始写求职信了。

【学习评价】

姓名	书写格式	语言得体	对个人能力、特点表述准确	综合评价

【结束语】

求职信写好以后、寄出去之前，切记对下列项目一一检查，这将更有助于你成功：

（1）信封是否标准，地址与落款是否清楚。

（2）收信人的姓名、职位和称呼是否正确。

（3）是否写明了可以见面的时间和联系方法。

（4）是否附有简历或其他材料。

（5）是否留有副本以供面试时参考。

（6）是否记下了发信日期，以便及时询问。

求职信应该体现出自己的特色，要开动脑筋，以自己的方式来赢得招聘者的青睐。

第七章　现代文书礼仪

第一节　现代文书礼仪的概念和特点

案例导入

黄健翔的致歉信

全国的球迷朋友、观众朋友：

在昨晚世界杯足球赛意大利队同澳大利亚队的比赛的最后几分钟，我的现场解说评论夹带了过多的个人情绪。今早一觉醒来，又重新看了录像带，再次感受到解说中确有失当和偏颇之处，给大家造成了不适和伤害，在此我向观众郑重道歉！

我对意大利足球相对比较熟悉，内心里比较希望意大利队出线，使后面的比赛更加精彩，但解说中我不恰当地把个人对球队的热爱和自己的岗位角色相混淆了。昨天，我在最后几分钟内的解说不是一个体育评论员应该有的立场，所说的话引起了观众的不满、意见和批评，我再次真诚地表示歉意！

今后，在工作中我将总结经验，时刻提醒自己把握好自己的岗位角色，处理好情感和理智之间的平衡。我们转播的时候总希望裁判公平公正，作为评论员，我也一定会做到公平公正，做好 CCTV 体育评论员工作。

最后祝各位球迷看球愉快！

2006 年 6 月 27 日

［评析与思考］

原中央电视台著名体育节目主持人黄健翔，解说体育赛事经验丰富，语言流畅，热爱足球。但在这场比赛中，作为一名国家级新闻媒体的工作人员，他在解说中有倾向性地喊出“伟大的意大利万岁”，是极不恰当的。后来他真诚的致歉在字里行间完全流露。因为工作失误，引起观众不快，需要通过致歉信消除不满，化解矛盾，以消除误会。为及时消除不利影响，致歉信往往以公开的形式发表。

“礼”是尊重，“仪”是恰到好处地表示尊重的形式。文书礼仪可以通过文字来表情达意、交流沟通、传递信息，在人们的日常生活中具有重要的意义。

一、文书礼仪的概念

文书礼仪是指在文书的写作中，在文字的表达、语气的运用、文体的掌握方面以及文书传输过程中，要注意体现礼仪的原则，遵守礼仪在文书中所具备的礼仪功能，符合相应的礼仪规范。

作为社会交往、礼仪活动的文体，文书礼仪主要体现交际双方的愿望、喜好、情感，反映的是一种双边关系，只不过它是用书面的形式来进行相互接触、互通信息、交流情感，以便能达到相互了解、增进友谊、加强合作的作用。掌握文书的礼仪要求，主要是格式及语言的运用要求，对于成功交际及商务合作具有重要意义。

二、文书礼仪的基本特点

（一）礼节性

礼仪文书注重以礼相待，强调因人、因事、因地、因时地待人接物。在对人生的各种美好祝愿上，多以全社会通行的人生重大礼仪方式进行，如婚嫁礼仪、寿辰礼仪、丧祭礼仪、节日庆典礼仪。在日常交际应酬中的小礼节，如迎来送往、寻求访见、宴请聚会、答谢辞行、邀约请托、问候抚慰、致谢道歉、勉励等，大多是用书面的文字材料加上礼仪活动，来充分展示丰富的礼仪内容。

（二）规范性

礼仪文书一般都具有约定俗成的惯用格式，有着较为固定的用语，是一种比较规范化的文体。例如书信，不仅称谓语、开头的问候语、结尾的祝颂语有着很多讲究，而且还要注意行文书写的正确。

三、掌握文书礼仪的重要意义

礼仪文书是人们为适应社会交际应酬而产生的，随着社会人际交往的发展而不断发展的增加感情的文书和礼节。随着社会的不断进步和发展，礼仪文书虽然在应用形式和文字内容上发生了很大变化，但仍是人们表达情意的桥梁，是增强人与人之间团结和友谊的纽带。因此，我们必须掌握文书礼仪。

[阅读与思考]

贺　电

中国体育代表团：

值此新春佳节之际，欣闻我国体育健儿在盐湖城冬季奥运会上不畏强手，顽强拼搏，夺得我国在冬季奥运会历史上的首枚金牌，实现了冬奥会金牌零的突破，全国人民为之欢欣鼓舞。这是你们团结一致、艰苦奋斗、严格管理、科学训练的结果，也是我国几代冰雪健儿多年共同努力的结晶。我代表党中央、国务院向你们表示热烈的祝贺和亲切的慰问。希望你们再接再厉，为祖国赢得更多的荣誉。

祝你们春节快乐！

李岚清

二〇〇二年二月十七日

思考：

（1）贺信的特点是什么？

（2）这封写给中国体育代表团的贺信对体育运动员具有什么意义？

［学习评价］

“礼者敬人也”，礼仪文书通过文字恰到好处地向别人表示尊重，充分地展示了丰富的礼仪内容。学习了这一节，我们能够更好地将礼仪文书应用于各种事务活动、业务往来和公关应酬中。

［结束语］

礼是交往的艺术，文书往来除了要达到行文目的，还要讲究行文礼仪，让交往更加和谐和美好。

第二节　常见的礼仪文书

案例导入

小燕子的来信

日本奈良有一家旅馆，环境优美，服务热情周到，很受旅客欢迎，但旅馆也有一件烦心的事。每逢春节，总有不少燕子光临此处，在旅馆的屋檐下营巢筑窝并随便排泄粪便，尤其是雏燕。粪便溅脏了房间的玻璃窗和走廊，虽然服务员经常擦洗，但前擦后拉，总有那么一点……

渐渐地，旅客有了意见。旅馆经理也为此苦恼。突然他想出一计，提笔写了一封信：

女士们、先生们：

我们是刚从南方赶到这儿来过春天的小燕子，没有征得主人的同意，就在这儿安家，还要生儿育女。我们的小宝宝年幼无知，我们的习惯也不好，常常弄脏您的玻璃和走廊，致使您不愉快，我们很过意不去，请女士们、先生们多多见谅。

还有一事恳请女士们、先生们，千万不要埋怨服务员小姐，她们是经常打扫的，只是她们擦不胜擦，这完全是我们的过错，请您稍等一会儿，她们就来了。

您的朋友：小燕子

客人看了以小燕子名义写的信，都被逗乐了，怨气也随之消散。每当客人回到自己房间，看见窗上点点燕子粪，不由想起小燕子那亲切、有趣的话。此后客人总带着美好的回忆，依依不舍地离开这座美丽的奈良旅馆。

【评析与思考】

公关活动中，企业与公众沟通的方式很多，奈良旅馆运用书信这一方式，不仅消除了旅客的怨气，还收到了柳暗花明的效果。如果直接向客人们解释，也许不会得到客人理解，通过小燕子的书信，令旅客明白原因，也能会心一笑，减少了纷扰。

在实际应用中，不应把礼仪文书仅仅视为应景文章，简单抄袭套用现成格式，以致成了"打官腔，不能用"的文书。

礼仪文书的种类很多，在机关、企事业单位的公务活动中常用的礼仪文书主要有各种信函、柬帖、辞文等。

一、信函

（一）介绍信

介绍信是各级机关、团体、企事业单位为介绍到有关单位联系工作的人的身份而开具的一种专用书信。目前常用的介绍信通常是统一印刷的，带有存根、编号。

介绍信的范例如下所示。

介绍信存根

××字第××号

介绍×××同志等×人，前往×××××联系××××。

××××年××月××日

介 绍 信

××字第××号

________：

兹介绍×××同志等×人，前往你处联系××××，请接洽为盼。

此致

敬礼

××××（盖章）

××××年××月××日

介绍信的内容一般包括被介绍人的姓名、身份、随访的人数、活动的目的、对受访单位的请求等。

（二）证明信

1. 证明信及其范例

证明信是各级机关、团体、企事业单位为证明个人的身份、履历、学历及其他事项的真实性而使用的专用书信。

证明信的范例如下所示。

证 明 信

×× 市人事局：

你局 ×× 同志，原是我局职工，曾于 ×××× 年 ×× 月至 ×××× 年 ×× 月担任人事科科长，情况属实，特此证明。

×× 市劳动局（公章）

×××× 年 ×× 月 ×× 日

证　　明

××× 同志曾于 ×××× 年 ×× 月至 ×××× 年 ×× 月在我校中文系修业四年，成绩合格，获得学士学位，特此证明。

×× 大学教务处（公章）

×××× 年 × 月 × 日

2. 证明信的结构与写法

证明信的结构是：标题 + 称谓 + 正文 + 落款 + 成文日期。

（1）标题。一般只写“证明信”三个字或“证明”两个字。字号比正文字体要大。

（2）称谓。是对接洽单位的称呼，在标题下一行顶格书写；如果单位不甚明确，也可以不写。

（3）正文。是证明信的主体，要写明证明人的姓名、身份、履历、学历及其他需要证明的方面。最后写上“特此证明”。

（4）落款和成文日期。在证明信末尾右下方的适当位置写上出具证明方的名称，一般需要加盖公章。最后注明成文时间。

书写证明信时要慎重，除了证明的事实一定要准确外，还应注意用语明确、肯定，不得涂改。为便于日后查证，证明信应留底稿并进行登记。

（三）邀请函

1. 邀请函及其范例

邀请函是各级机关、团体和企事业单位举办重要活动或召开重要会议，邀请上级领导、有关单位及有关人士参加时所用的信函。邀请函与请柬有相似之处，但应用范围比请柬更广、信息量更大，一些重大的礼仪活动常常以邀请函的形式邀请社会各界人士参加。

邀请函的范例如下所示。

> **邀　请　函**
>
> 尊敬的 ××× 教授：
>
> 本学会决定于 ×××× 年 ×× 月 ×× 日 9 时 30 分，在 ×× 市 ×× 宾馆五楼报告厅举办民间文学理论报告会。届时恭请您就有关民间文学的现状与发展发表高见。
>
> 敬请光临。
>
> 此致
>
> 敬礼！
>
> ×× 省文学研究会（公章）
>
> 联系人：×××
>
> ×××× 年 ×× 月 ×× 日

2. 邀请函的结构与写法

邀请函的结构是：标题 + 称谓 + 正文 + 敬语 + 落款 + 成文日期。

（1）标题。事由 + 文种（即邀请函），有时也可以只写“邀请函”，字号比普通标题要略大。

（2）称谓。是对邀请对象的称呼，在邀请信的开头顶格书写。个人姓名后应加职务、职称或“同志”、“先生”、“女士”等相应的称谓。

（3）正文。是邀请函的主体，要写明邀请的原因和主要内容，介绍活动安排的细节，并提出邀请。

（4）敬语。末尾须写问候语，如“敬请光临”、“敬请光临指导”、“请届时出席”或“此致敬礼”等。一般正文结束后，在正文下一行空两格书写。

（5）落款和日期。在邀请信末尾右下方的适当位置写上邀请方名称并注上日期。一般正式邀请函要加盖公章，以示庄重。

拟写邀请函时语气要诚恳热情，使对方感受到邀请者的诚意，并愉快地接受邀请。邀请函的文字要简洁明了，写清楚活动的时间、地点、内容。如有其他要求，也可提出，以供被邀请者事先准备。

（四）慰问信

1. 慰问信及其使用情形

慰问信是某一级组织向某一个体或群体表示关怀和问候时使用的书信形式。一般在以下情形下使用慰问信：

（1）慰问有功者，即对做出突出贡献或取得优异成绩的单位或个人表示慰问，对其辛勤劳动和奉献精神表示赞赏，并鼓励其做出更大的贡献。

（2）慰问受灾者，即对遭受灾难的人们进行慰问，以表示同情与关怀，并给予安抚，鼓励他们振作精神、战胜困难。

（3）节日慰问，即在一些重大节日对相关人员致以节日的问候，如五一节慰问劳动者、八一节慰问军人。

2. 慰问信的结构与写法

慰问信的结构是：标题 + 称谓 + 正文 + 落款 + 成文日期。

（1）标题。一般在第一行正中直接写“慰问信”三个字，也可以在“慰问信”三个字前面加上慰问对象的名称，如“致中国人民解放军 ×× 部队的慰问信”。

（2）称谓。即慰问对象，在标题下一行顶格写。要写清单位名称或个人姓名，个人姓名后要有称呼。

（3）正文。在称谓下一行空两格书写，内容包括：一是慰问的背景和原因，并致以诚恳亲切、充满关怀之情的慰问之语。二是对对方辛劳的工作或所受的遭遇表示深切的同情和慰勉，或对对方所取得的重大贡献和所具有的某种精神表示褒扬和嘉奖。慰问信结尾通常要写上祝愿语，如“祝同志们节日愉快，身体健康”、“祝大家取得更大的成绩”等。

（4）落款和成文日期。在慰问信末尾右下方的适当位置写上慰问方名称，注上成文日期。一般正式慰问信要加盖公章，以示庄重。

（5）撰写慰问信时，语气要诚恳，感情要真切，文字要朴实、简练，篇幅不宜过长。慰问的对象和目的不同，慰问信的主题也不同。慰问有功者，应侧重赞扬、鼓励；慰问有难者，侧重同情、安慰；作为节日慰问，则应侧重肯定、鼓励。一封情真意切的慰问信，会给对方带来莫大的鼓舞并倍感欣慰，从而激励对方更加努力地工作，增强战胜困难的信心和勇气。

（五）表扬信

1. 表扬信及其对象

表扬信是对群体或个人的先进事迹和高尚品德表示赞扬的一种信函。表扬信是一种特殊的函件，其作用在于弘扬正气、激励先进。

表扬的对象可以是个人，也可以是群体；可以是对一种模范行为或英勇的举动进行表扬，也可以是对一种崇高的品德或先进的思想进行表扬。

表扬信可以发给表扬对象所在的单位，也可以进行张贴。

2. 表扬信的结构与写法

表扬信的结构是：标题 + 称谓 + 正文 + 落款 + 成文日期。

（1）标题。标题可直接写“表扬信”三个字，字体应大于正文，若是用于张贴，则应用特大号字，显得醒目。

（2）称谓。一般写单位名称，即表扬信送达的机关。即便是表扬个人，通常也是发给表扬对象所在的单位。

（3）正文。把表扬对象所作所为的由来、经过及所表现的精神品格写清楚，最后建议有关单位给予宣传、表彰。

（4）落款和成文日期。在正文右下方署上表扬者的单位名称或个人姓名，最后注上成文时间。以单位名义所发的表扬信应加盖公章。

表扬信的语气要诚恳，语言要精练，对于表扬对象行为经过的叙述要真实，有关人员的姓名及事情发生的时间、地点等均要核实准确，对于表扬对象所表现出来的精神品格要概括准确，表扬信的篇幅不宜过长。

（六）感谢信

1. 感谢信及其对象

感谢信是各级机关、团体、企事业单位和个人对给予帮助、支援的单位和个人表示感谢的信函。感谢信的写作者一般是受助者本身或受助一方的代表，写信的目的在于表示不忘对方的事迹和精神，表达自己的感激和谢意。

感谢信的对象可以是个人，也可以是单位。凡单位之间、单位和个人之间相互帮助和支援的，得到帮助的一方就可以用感谢信的形式表达感激之情。

2. 感谢信的结构与写法

感谢信的结构是：标题 + 称谓 + 正文 + 落款 + 成文日期。

（1）标题。感谢信的标题比较灵活，最常用的是以文种作标题，即在首行正中书写“感谢信”三字；也可以用公文式标题，即发文机关 + 事由 + 文种；如果是写给个人的，也可省掉标题。

（2）称谓。指感谢信的收受对象，如单位名称、个人姓名及称呼，对方名称前可加上修饰语，如“尊敬的”等。应顶格书写在标题下一行，后面加冒号。

（3）正文。在称谓下一行空两格书写。正文内容应简要回顾对方的事迹，做出评价并给予赞扬，向对方表示谢意并表示向对方学习。正文的结尾是敬语，以表示祝愿敬意，如“此致敬礼”、“致以最诚挚的敬礼”等。

（4）落款和成文日期。在正文右下方署上感谢人姓名或单位名称以及时间。

写好感谢信要注意以下两个方面：一是叙述事实要真实、简练，不可任意夸大或缩小，有关时间、地点、单位名称、个人姓名都应准确无误，对事情细节的描述不要太过详尽。二是表示感激之情要言辞恳切，情真意切。

（七）祝贺信

1. 祝贺信及其对象

祝贺信是表示祝贺之意的礼仪信函，如对某组织的重大活动、重要会议、重大节日、重大项目、取得的重大成果和突出成就、某重要人物的寿辰等都可以用祝贺信的形式表示祝贺。在实际应用中，因祝贺方式的不同，对祝贺信有不同的叫法，如果是口头祝贺就是贺词，如果是书面祝贺就是贺信，如果是电文祝贺就是贺电。

祝贺信的致贺可以以单位团体的名义或以单位首长、领导的名义；受贺方则可以是市单位团体，也可以是个人。祝贺信可以直接寄给对方，亦可在报纸、互联网上登载，或者在电台广播。

2. 祝贺信的结构与写法

祝贺信的结构是：标题 + 称谓 + 正文 + 落款 + 成文时间。

（1）标题。最常用的是直接写“贺信（电）”二字，也可以写成“×××（庆祝者）给 ×××（受贺者）的贺信（电）”，或者省略其中的一方。

（2）称谓。标题下一行顶格书写受文单位或个人姓名。如果是祝贺会议，只写会议的名称。

（3）正文。正文的结构是：开头 + 主体 + 结尾。开头要用简短的语言写出祝贺的理由，常用“值此之际，谨代表 ××× 向 ××× 表示热烈祝贺”之语。主体则因祝贺对象的不同，在内容和措辞上有所区别。如果是祝贺成绩，就要充分肯定和热情赞扬对方取得的成绩及意义，表示向对方学习并提出希望和勉励；如果是祝贺会议，就要侧重说明会议召开的重要意义和影响；如果是祝贺新任职的领导人，则提出祝愿，祝愿对方在任期内取得新的成绩。结尾可写些祝愿、鼓励和希望的言辞。

（4）落款和成文的时间。在正文右下方写上祝贺方单位名称或姓名及时间。

写祝贺信时感情要饱满、充沛，语言要热烈、诚挚，能给人以鼓舞、希望、褒扬之感。祝贺时要热情赞扬对方取得的成绩，但对成绩的评价要恰如其分，不要夸大事实或追求过分华丽的辞藻。贺信的用语要简练，篇幅不宜过长。

二、柬帖

柬帖是请柬、贺卡、聘书等的通称。柬帖是人际交往中常用的礼仪文书，这种礼仪文书一般篇幅短小、文字简洁，用语委婉、用字典雅，装帧精美、制作考究，在发送的方式上也有特殊的要求。

（一）请柬

1. 请柬及其范例

请柬，又称请帖，是各级机关、企事业单位、社会团体或个人邀请有关人士参加某项活动而专门制作的信柬。请柬的使用范围十分广泛，诸如会议、典礼、仪式及婚礼、寿筵等重大活动，均可使用请柬邀请宾客。

请柬虽属书信类礼仪文书，但比起一般的信函更具庄重性的特点，所以，若遇到较大的事情或庄重的大场合，应使用请柬，而不用一般的信函，以示对被邀请者的尊重。请柬有时也用作入场和报到的凭证。

请柬的范例如下所示。

请　　柬

×××先生：

谨定于2009年2月1日上午9时30分在市政协礼堂举行新春茶话会，敬请光临。

此致

敬礼

××市政治协商会（公章）

二〇〇九年一月二十一日

2. 请柬的格式与写法

请柬一般分为封面和封里两部分，又分横式和竖式两种。无论哪种形式，请柬的结构基本相同，与一般书信的格式类似，即：标题+称谓+正文+落款+成文时间。

（1）标题。在封面或页面上部居中写上“请柬”（或“请帖”）二字，字号要大些，以示醒目。标题如在封面，往往要做些图案装饰。

（2）称谓。另起行（或一页）顶格书写被邀请者的姓名或单位名称。姓名之后要加职务、职称等称谓，或用“同志”、“先生”、“小姐”、“女士”等，称谓后加冒号。有些宴会、舞会、文艺演出、招待会的请柬，不具体邀请某个人参加，而只是出于单位之间的感情交流，对某单位的支持表示感谢，该单位派谁去都行，所以这样的请柬不需要写被邀请者姓名。

（3）正文。在称谓下一行空两格书写，要写明活动的时间、地点、内容。如有其他要求，应简要提出，以便对方有所准备。正文的结尾一般要写上“敬请光临”、“敬请莅临”、“敬请出席”、“欢迎指导”等敬语。必要时还应将入场券等凭证附上。

（4）落款和成文日期。在正文后的右下方写明发出请柬的单位名称或个人姓名，个别情况下单位名称和个人姓名均应写上，如“××协会会长×××”。名称要用全称，以单位名义发的请柬，落款要盖章，以示尊重。最后写上发出请柬的日期。

撰写请柬应注意以下事项：

（1）请柬的形式要美观大方，不可用书信纸或单位的信函纸草草了事。请柬的颜色有一些约定俗成的习惯，如喜庆活动用大红烫金的颜色，开张、落成、揭幕典礼用粉红色或橘红色，纪念、联谊用庄重、朴素的颜色，如蓝色、黄色，丧葬用白底黑字或月白等素色。

（2）请柬的内容要求简明扼要，表意要周全，要把邀请对象、活动安排、时间、地点、邀请者、发邀请的时间写得准确具体，无一遗漏。

（3）请柬的语言应恳切、热诚，文字须准确、简练、文雅，要恰如其分地表达出殷切盼望对方接受邀请的心情。

（4）请柬不宜滥用，应与会议通知有所区别。

（二）聘书

1. 聘书及其范例

聘书是某一组织邀请有关人员担任某项职务、承担某项工作时使用的柬帖。聘书可以是书信式的，也可以不写成书信式的。

聘书的范例如下所示。

聘　　书

兹聘请 ××× 同志担任党史知识竞赛评委。

此聘

×× 省党史办党史知识竞赛委员会（公章）

二〇一〇年六月十一日

2. 聘书的结构与写法

聘书的结构是：名称 + 正文 + 结尾 + 署名 + 日期。

（1）名称。在封面或内页正文上方写上“聘书”或“聘请（任）书”，字号较大。

（2）正文。一般写明被聘请人姓名，为何聘请，聘为什么职务。需要的话还应写上聘请时间或期限。除了以书信形式出现的聘书，一般聘书不在开头写上被聘请者的姓名、称呼，而是直接将被聘者的姓名和称呼在正文中写明。

（3）结尾。聘书的结尾往往要写上“此聘”两字，有时也可以不写。如果是书信体的聘书，则要在结尾处写上表示敬意和祝愿的话。

（4）署名。在正文右下方署上聘请单位的名称并加盖公章。

（5）日期。在署名下方写上签发聘书的日期。

撰写聘书时应当注意，现在有许多聘书的封面用烫金字作标题，以示隆重。封面的材料可以是缎面、布纹面、皮革面等，颜色可以是红色或墨绿色。在填发聘书之前，应主动、友好地与被聘人商量，使之有一定的思想准备，从而达成一致的意见。否则，若贸然行事，会使被聘者感到对其不尊重。

三、辞文

辞文是指用于仪式、活动中，或组织及个人的重要事件中，表示祝贺、感谢、勉励、欢迎、希望、悼念等的文书，包括祝辞、欢迎词、答谢词、悼词等。

辞文往往用于正式的礼仪场合诵读，所以要先以文稿的形式拟订出来。

（一）祝辞

1. 祝辞及其分类

祝辞是指在各种喜庆场合中对人、对事表示祝贺的言辞或文章。根据不同的祝颂对象，祝辞大体上分三种。

（1）事业祝辞。这是常用的一种祝辞，多用于祝贺会议开幕、工程竣工、剪彩、及纪念日等。

（2）寿诞祝辞。寿诞祝辞的对象主要是老年人。祝辞的主要内容有二：一是庆祝，祝愿某人幸福、快乐、长寿；二是赞颂其品性、功德。

（3）祝酒辞。祝酒在现代社会已发展成为一种招待宾客的礼仪。客人初到，主人设宴洗尘，宴会伊始，主人和客人都要致祝酒辞。此时，酒并不是祝的对象，而是人们交往中的一种媒介。祝酒辞的写法与事业祝辞的写法基本相同，只是开头、结尾略有区别，结尾时一般要提出为参加宴会的人及与之有关人员的健康、为与宴会有关的事业的发展干杯。

祝辞和贺辞在某种场合可以互用，但它们的含义并不相同。祝辞的对象一般是事情未果，表示祝愿、希望的意思；而贺辞的对象一般是事情已果，表示庆贺、送喜的意思。

2. 祝辞的结构与写法

祝辞的结构是：标题 + 称呼 + 正文 + 落款 + 日期。

（1）标题。标题可以直接写为“祝词”、“祝酒词”等，也可以由讲话者姓名、会议名称和文种构成，如“××× 在 ×× 会上的祝酒词”、“××× 在 ×× 宴会上的讲话”等。

（2）称呼。向谁致辞要写上谁的称呼，称呼对方的姓名或单位名称要用全称，姓名或集体称呼前要加上“尊敬的”、“亲爱的”等修饰语，以表示亲切和敬意。姓名的后面常加上头衔、职务、职称，如“尊敬的 ××× 主席”。

（3）正文。这是祝辞的主体部分，可以分层表述：一是以简要的篇幅向对方表示热烈祝贺，写清向谁祝贺、为什么祝贺等。二是祝贺的内容，即所贺之事的重大意义。三是发函者的希望和祝愿。上级给下级的可写希望、要求；写给会议的，则可用“祝大会圆满成功”等话语。结尾表示祝愿的词语应另起一行，后面加感叹号作结尾。

（4）落款及日期。在正文的右下方写上祝贺单位名称或个人姓名及成文日期。祝贺的时间、地点也可写在正文的右下方。

作为在喜庆场合使用的辞文，多采用散文体，在写作时要注意：第一，语言要充满热情、喜悦、鼓励、希望、褒扬之意，以使对方感到温暖和愉快，受到激励与鼓舞。第二，祝辞不应使用辩论、谴责、批评等词句和语气。第三，颂扬与祝贺要恰如其分，过分的赞美之词会使对方感到不安，自己也难免谄媚之嫌。第四，祝贺信函的发送要及时，要赶在有关活动的前面。

（二）欢迎词

1. 欢迎词及其使用情形

欢迎词是在欢迎宾客的场合，由东道主所作的对宾客的到来表示欢迎的演讲。一篇优秀的欢迎词能给来宾留下良好的印象，有助于加强双方的理解和交流，为工作的开展打下良好的基础。欢迎词一般在下述情形下使用：

（1）在一些有重要宾客来访的欢迎仪式或酒会上，由主人致欢迎词以表示欢迎之意。

（2）当上级领导视察工作或有关部门组织检查、验收工作时，接待方在汇报工作之前，由负责人致欢迎词。

（3）在举行会议、论坛、展览、参观等活动时，主办方致欢迎词对参加者的到来表示欢迎。

（4）在新成员加入时，如新生入学、新兵入伍、新员工上岗、新领导到任等，也可致欢迎词。

2. 欢迎词的结构与写法

欢迎词的结构是：标题 + 称呼 + 正文 + 署名。

（1）标题。标题有两种形式：一种是用文种“欢迎词”作标题；另一种是由欢迎场合或对象及文种构成，如“在 ××× 会议上的欢迎词”。

（2）称呼。面对宾客，宜用全名并用亲切的尊称及职务、职称，如“亲爱的朋友”、“尊敬的领导”、“尊敬的总统阁下”等。如果欢迎对象是群体，可根据情况称呼，如“各位朋友”、“各位来宾”等。

（3）正文。正文是欢迎词的主体，其内容包含三层意思。首先用一句话表示欢迎；然后说明欢迎的情由，可叙述彼此的交往、情谊，说明交往的意义，表达良好的祝愿；最后再次表示欢迎和祝愿。

（4）署名。用于讲话的欢迎词无须署名。若需刊载，则应在题目下面或文末署名并注上日期。

由于欢迎词多用于对外交往，往往带有较浓的感情色彩，在写作中应注意以下几个方面：

（1）欢迎词要有针对性，要看对象说话，表达不同的情谊。来访目的不同，欢迎的情由也应不同。

（2）要看场合说话，该严肃则严肃，该轻松则轻松。

（3）热情而不失分寸。欢迎应出于真心实意，热情、谦逊、有礼；语言亲切、饱含真情；注意分寸、不卑不亢。

（4）要写得结构分明，条理清楚，言辞简洁。

（三）答谢词

1. 答谢词及其作用

答谢词是与欢迎词相对应的辞文，是由宾客出面发表的对主人的热情接待表示感谢的演讲。

答谢词在酒宴上常常会用到，它对于沟通情感、加深理解、巩固友谊等都能起到很好的效果。

2. 答谢词的结构与写法

答谢词的结构与欢迎词相同，即：标题 + 称呼 + 正文 + 署名。

（1）标题。一般用文种“答谢词”作标题。

（2）称呼。与欢迎词相同。

（3）正文。首先对主人的热情接待表示感谢；然后畅叙情谊，或表明自己来访的意图、诚意，申述有关的愿望；最后致以祝愿，或再次表示谢意。

（4）署名。与欢迎词相同。

撰写答谢词时，应注意以下问题：

（1）在礼仪场合，必要的客套话是不能省略的，如“感谢”、“致敬”之类热情洋溢、充满真情的词语。

（2）在异地做客，要了解当地的民情、风俗，尊重对方的习惯。

（3）注意照应欢迎词。答谢词要注意与欢迎词的某些内容照应，这是对主人的尊重。即使预先准备了答谢词，也要在现场紧急修改或补充，或因情因境临场应变发挥。

（4）篇幅力求简短。欢迎词、答谢词都是应酬性的讲话，而且往往是在一次公关礼仪活动刚开始时发表的，下面还有一系列的活动等着进行，因此篇幅要力求简短，不宜冗长拖沓，以免令人生烦。

（四）悼词

1. 悼词及其分类

悼词是对死者表示哀悼的话或文章。它有广义和狭义之分。广义的悼词指向死者表示哀悼、缅怀与敬意的一切形式的悼念性文章。狭义的悼词专指在追悼大会上对死者表示敬意与哀思的宣读式的专用哀悼的文体。本书仅就狭义悼词而论。

2. 悼词的结构与写法

悼词的结构是：标题 + 正文 + 落款。

（1）标题。标题的写法有两种情况：一种是直接以文种名称“悼词”作为标题；另一种由死者姓名和文种名共同构成，如“在 ××× 同志追悼会上的悼词”。

（2）正文。悼词的正文通常由开头、中段、结尾三部分构成。开头，以沉痛的心情说明参加此次追悼会的目的，简要概述逝者的职务、职称、逝世时间、原因及终年岁数。中段，介绍死者的生平事迹及贡献，对逝者的思想、品质、精神等作出综合的评价，介绍其对他人和社会产生的积极影响。结尾，主要写明生者对死者的悼念及如何向死者学习、继承其未竟的事业、化悲痛为力量，为国家、为社会作出更大的贡献等内容。最后要写上“永垂不朽”、“精神长存”或“安息吧”之类的话。

（3）落款。悼词一般在开头就已介绍了参加悼会的人员情况，所以悼词的最后落款只署上成文的日期即可。

悼词写作时应注意以下事项：

（1）明确写悼词的主要目的是介绍死者的生平事迹，歌颂死者生前的功绩，让人们从中学习死者好的思想作风，继承死者的遗志。但是这种歌颂是严肃的，不应夸大，不应粉饰，要根据事实，作出合理的评价。

（2）要化悲痛为力量。有的死者生前做了很多好事，他们的美德会时时触动人们的心灵，悼词应勉励生者节哀奋进。

（3）语言要简朴、严肃、概括性强。

[阅读与思考]

1. 凯菲饮料厂因其产品“酷乐”牌健康饮料质量上乘和慷慨捐助群众性体育活动而闻名全国，××参观团来厂参观学习后对该厂的热情接待表示感谢。请根据内容替××参观团写一份答谢辞。

2. 一个学生给父母写信：“敬爱的爸爸妈妈，我的钱不够用了。”一点也不委婉。设想从礼仪角度，应该如何提出比较好？请你帮该学生设计一下。

3. 拟写一份欢迎新同学的欢迎词。

4. 选择一个节日，如教师节、中秋节、春节，拟写作一份慰问信。

[学习评价]

本节是本章的重点学习部分，学生应学会根据不同的场合，按照文书礼仪的要求与成文规范，恰到好处地通过文字表达和传递礼仪，符合人际交往和机关、企事业单位公务往来的标准。教师应对学生的写作格式与内容做出要求，指导学生练习信函、柬帖、辞文等的写作。

[结束语]

人们通过礼仪文书来进行公务交往或提供服务；通过礼仪文书来调解矛盾、消除误会；还可以把礼仪文书作为友好使者，赢得客户的信任，与之建立友谊、保持友谊。一份成功的、出色的文书甚至可以成为企业公关的组成部分，可以促进公司目标的实现，为企业带来良好的经济效益和社会效应。正因为礼仪文书具有这些作用，所以人们越来越意识到礼仪文书的重要性，期待以此来提高企业的知名度和美誉度。

希望我们所有的同学都能更好地学习和掌握现代文书礼仪，做一个礼仪文明大使，让礼仪之花处处开遍，让礼仪之风吹满校园。

附 录

“文明风采大赛”展示类竞赛对礼仪方面的要求

一、形象美

1. 个人仪容

（1）发型：男生应理短发，标准是后不盖领，侧不盖耳，保持头发的清洁、整齐；女生头发长短视自身情况而定，发型应文雅、庄重，着色自然，梳理齐整。

（2）妆容：男生应保持面部干净、整洁，不蓄须、不留长鬓角。女生可化淡妆，妆容应自然大方，恰到好处。

（3）手部修饰：双手应清洁、卫生，不蓄长指甲，不涂过于艳丽的指甲油。

2. 个人仪态

（1）目光：面对不同的场合和交往对象，目光所及之处也有区别。公事注视，目光所及区域在额头和两眼之间；社交注视，目光所及区域在两眼到嘴之间；亲密注视，目光所及区域在两眼到胸之间。注视时间应占交谈时间的 30%～60%，凝视的时间不能超过 5 秒。

（2）微笑：微笑的基本要领是不发声，不露齿，肌肉放松，嘴角两端向上略为提起，面含笑意，亲切自然。其中亲切自然最重要，它要求微笑出自内心，发自肺腑，而无任何做作之态。

（3）站姿：站得端正、自然、挺拔、高雅，给人舒展俊美、精神饱满、信心十足、积极向上的良好印象。具体要领是：头正颈直，双眼平视，下额微收；挺胸、收腹，双肩外展；两腿直立、贴紧，脚跟靠拢或两腿开立，脚尖外展成 45° 夹角。女生在站立时要注意表现出女性轻盈、娴静、典雅的韵味，要努力给人一种“静”的优美感。因此，女生可将四指并拢，虎口张开，双臂自然放松，将右手搭在左手上，成 V 字形或丁字形。男生站立时，要表现出男性的刚健、英武、稳健的风采，要力求给人一种壮美感。可将双手相握、叠放于腹前，或在背后交叉相握。

（4）坐姿：入座时要轻、要稳，走到座位左侧前，转身后，轻稳地坐下。女生入座时，若着裙装，应用双手将裙摆内拢。坐在椅子上，上身挺直或稍向前倾，挺胸、抬头，双肩平正。男生应双膝并拢，两手自然放于腿上或扶手上，小腿垂直于地面，脚尖朝正前方，脚分开成 45°，或右腿叠放在左膝上，脚尖下点。女生应两臂自然弯曲，手交叉叠放在两腿中部并靠近小腹，小腿垂直于地面，脚尖朝正前方，双膝靠拢或向一侧倾斜。一般情况下，不要靠椅背，休息时可轻轻靠椅背。

（5）走姿：女生走路应轻盈高雅，男生应从容稳健。具体要领是：眼平视，挺胸、收腹、肩放松；双肩平稳，两臂自然摆动，摆动幅度以30° 为宜；步态协调、稳健；全身协调，匀速前进，两脚内侧踏在一条直线上。

（6）蹲姿：比较正式的蹲姿有高低式蹲姿和交叉式俯蹲两种。高低式蹲姿的操作要领为：下蹲时两腿紧靠，左脚掌基本全着地，小腿基本垂直于地面，右脚跟提起，脚掌着地，臀部向下。女生应靠紧双腿，男生可适度地将其分开，基本上以右腿支撑身体。交叉式俯蹲的操作要领是：下蹲时右脚在前，左脚在后，右小腿垂直于地面，全脚着地，左腿在后与右腿交叉重叠，左膝由后面伸向右侧，左脚跟抬起，脚掌着地，两腿紧靠，臀部向下，上身稍前倾。通常适用于女生，特别是在穿短裙时。

（7）手势：做手势时，五指要并拢伸直，女生为优雅起见，可微微压低食指。在表示“请”的时候，可以用右手以肘关节为轴向右摆动，到身体右侧稍向前的地方停住，不要把手摆到体侧或体后。避免僵硬死板、缺乏韵味。同时配合眼神、表情和其他体态，使手势显得协调大方。

3. 个人仪表

（1）着装：着装应整洁、端庄、得体、协调、美观，要符合与时间、地点、场合相配的原则。男生宜着西装。西装应平整、干净，口袋内不要放物品。深色西装可配浅色衬衣，领带要紧贴衬衣领口，系得美观大方。皮鞋以黑色没有花纹为宜，配黑色或深色袜子。女生可着套裙，服装应大方、得体，裙子长度适宜，配接近肤色的丝袜，鞋子应光亮、清洁，以黑色半高跟鞋为宜。

（2）饰品佩戴：佩戴饰品的主要规范是符合身份、以少为佳、区分品种、佩戴有方。男生除了手表外，一般不建议佩戴其他物品，女生可根据需要佩戴雅致、精巧的饰物，如耳环等，但要注意与着装风格协调一致。

二、礼仪风貌

1. 语言美

（1）语言知识素质高，表达的内容要符合道德规范，与竞赛主题紧密结合；遣词造句要合语法规则，力求准确、优美。

（2）语言表达能力强，使用普通话，语音标准、声音洪亮、口齿清晰；语调自然流畅，重音、语势、节奏把握准确；语速适中，节奏合度，停连恰当；语言生动，富有感染力，能活跃现场气氛。

2. 风貌佳

（1）精神饱满、神态自然，有较强的自信，无明显的紧张情绪。

（2）肢体语言使用恰当，动作自然，不僵硬、不做作。

（3）台风端正，表现力、应变能力强，能活跃气氛，给观众以感染力。

（4）礼仪动作要规范，注重团队配合，整体效果好。

三、礼仪基本规范

1. 握手礼仪

握手的标准方式，是行礼时行至距握手对象约一米处，双腿立正，伸出右手，手心与身体处于垂直状态，身体微微向前倾斜。握手时双目要注视对方，面带笑容，用力适度，上下少许晃动三四下，随后松开，恢复原状。一般握手的过程持续 3 秒至 5 秒即可。

2. 致意礼仪

致意礼仪包括点头礼、欠身礼、挥手礼、鞠躬礼等。点头礼的正规做法应是：头部向下稍许晃动一两下，同时目视被致意者。点头时要注意面带微笑。欠身礼的操作要领是全身或身体上半部分在目视被致意者的同时，微微前倾约 15%，意在表示对他人的恭敬。挥手礼一般适用于双方距离在 2 米至 5 米的情况下，只要将臂伸直，掌心朝向对方，轻轻摆动一两下手即可，不要反复摇动。鞠躬礼一般用于庄严肃穆或喜庆欢乐的仪式，也适用于一般社交场合，用以表达对他人的深深敬意或感激之情。鞠躬以站姿为基础，双手在体前搭好或垂于身体两侧，双眼注视对方，面带微笑。鞠躬时，以臀部为轴心，将身体挺直地向前倾斜，倾斜度一般有 90°、45°、30°、15°，目光随着身体的倾斜而自然下垂于脚尖 1.5 米处。鞠躬完成，恢复站姿，目光再回到对方脸上。

3. 递受名片礼仪

递交名片时要用双手，将名片放置手中，用拇指夹住名片两个角，其余四指托住名片背面，手不要压住字，同时要将名片的文字正向对方，以便于对方观看。在递交名片的同时，可以讲些“请多联系”之类表示友好的话，或者先作一下简单的自我介绍。在多人交换名片时，要注意讲究先后顺序，由近及远，先尊后卑。

接受名片的时候要恭敬，空手时必须双手接受，接过名片后要马上浏览一下，以示敬仰。如果一次同时接受多张名片，一定要记住哪张名片的主人是哪位。接过他人名片后，应郑重其事地将名片放入名片盒或者西装内侧胸袋，不可边交谈边摆弄名片或随意搁在桌上。

图书在版编目（CIP）数据

现代社交礼仪 / 夏雷震，刘敏主编
北京：中国人民大学出版社，2010
中等职业教育规划教材 · 公共管理与服务类系列
ISBN 978-7-300-12907-5

Ⅰ. ①现…
Ⅱ. ①夏… ②刘…
Ⅲ. ①人间交往-礼仪-专业学校-教材
Ⅳ. ①C912.1

中国版本图书馆 CIP 数据核字（2010）第 206505 号

中等职业教育规划教材 · 公共管理与服务类系列
现代社交礼仪
夏雷震　刘敏　主编

出版发行	中国人民大学出版社		
社　址	北京中关村大街31号	邮政编码	100080
电　话	010－62511242（总编室）		010－62511398（质管部）
	010－82501766（邮购部）		010－62514148（门市部）
	010－62515195（发行公司）		010－62515275（盗版举报）
网　址	http://www.crup.com.cn		
	http://www.ttrnet.com（人大教研网）		
经　销	新华书店		
印　刷	北京鑫丰华彩印有限公司		
规　格	185 mm × 260 mm 16 开本	版　次	2010 年 11 月第 1 版
印　张	10.25	印　次	2020 年 4 月第 7 次印刷
字　数	210 000	定　价	17.00 元